# Anti-Stress-Trainer

**Reihe herausgegeben von**
Peter Buchenau
The Right Way GmbH
Waldbrunn, Deutschland

Stress ist in unserem Privat- und Berufsleben alltäglich und ist laut WHO die größte Gesundheitsgefährdung im 21. Jahrhundert. Die durch Stress verursachten Krankheitskosten erreichten bereits jährlich die Milliarden-Euro-Grenze. Jeder Mensch ist aber verschieden und reagiert unterschiedlich auf Stress. Als Ursache lässt sich Stress nicht einfach und oft erst spät erkennen, sodass Prävention und Behandlung erschwert werden. Die Anzahl der durch Stress bedingten Erkrankungen nimmt folglich weiter zu, Ausfälle im Berufsleben sind vorprogrammiert. Die Anti-Stress-Trainer-Reihe setzt sich mit dieser Thematik intensiv in einem beruflichen Kontext auseinander. Initiator Peter Buchenau gibt Experten aus unterschiedlichen Branchen die Möglichkeit, für ihr jeweiliges Fachgebiet präventive Stressregulierungsmaßnahmen unterhaltsam und leicht verständlich zu beschreiben. Ein kompaktes Taschenbuch von Profis für Profis, aus der Praxis für die Praxis. Leserinnen und Leser, egal ob Führungskräfte, Angestellte oder Privatpersonen, erhalten praxiserprobte Stresspräventionstipps, die in ihrem spezifischen Arbeits- und Lebensumfeld eine Entlastung bringen können.

Weitere Bände in der Reihe
http://www.springer.com/series/16163

Stefanie Simone Klief

# Der Anti-Stress-Trainer für Juristen

„Komm zu Dir!" – Justieren Sie sich Plädoyer für das Training der Selbstregulation

Stefanie Simone Klief
Lektoratexten
Nümbrecht, Deutschland

Anti-Stress-Trainer
ISBN 978-3-658-15956-6        ISBN 978-3-658-15957-3   (eBook)
https://doi.org/10.1007/978-3-658-15957-3

# Vorwort

Eigentlich bin ich es ja gewohnt, das letzte Wort zu haben, aber im Grunde geht mein normativer Charakter gleichzeitig allem anderen voran, weshalb ich gerne der Bitte gefolgt bin, den Eisbrecher zu übernehmen.

Auch wenn mir in diesem Land alle Menschen am Herzen liegen, so weiß ich doch um die Herausforderung, die die Verantwortung für meine Gesetzesverwandtschaft und mich mit sich bringt. Damit sie nicht als permanent schwere Last auf Ihnen liegt, gibt dieses Buch diverse Anregungen. Es zeichnet einen Weg zum Verständnis von Stress, der über die Selbsterkenntnis führt. Eine ressourcenorientierte Systemschau, für die es Aufgeschlossenheit braucht: Wandlungsfähig zu bleiben oder zu werden. Herausforderungen anzunehmen, ohne sich zu überfordern. Dabei genauso die Unterforderung zu vermeiden wie den vorauseilenden Gehorsam, denn Verantwortung nach vorne zu denken, ist bedeutsam, beharrlich antizipierte Verantwortungsübernahme dagegen riskant.

Ich kenne mich da aus: Ich wurde im philanthropischen Geiste eines großen ethischen Verantwortungsbewusstseins verfasst; in einer Zeit, da dem reinen Pflichtbewusstsein, aus guten oder besser gesagt schlechtesten Gründen, kein primärer Status zugewiesen wurde. Dieser Bezug mag auf den ersten Blick und das große Ganze bezogen sinnwidrig erscheinen, in Hinsicht auf meine Haltung zu jedem einzelnen Menschen ist es jedoch durchaus vergleichbar. Und die rät: Bilanzieren Sie Ihren Pflichteifer und werden Sie Ihrer Selbstverantwortung gerecht. Einer Verantwortung, die zwei Facetten hat: *für* sich und *vor* sich. Werden Sie zu Ihrer eigenen Instanz *für* sich; in der Sie sich *vor* sich für eigenes Unterlassen und Handeln verantworten. Denn kaum jemand schützt Ihr Selbst so gut, wie Sie es selbst können. Wer dies verinnerlicht hat, dem kann auch die persönliche Verantwortung füreinander in Solidarität nicht fremd sein. Nicht nur als wahrgenommene staatliche Aufgabe, sondern aus wahrhaft freien Stücken.

Somit dient dieser Art freie Entfaltung allen. Was mir wiederum ganz persönlich sehr gefällt.

In diesem Geist versteht sich der Duktus vorliegenden Plädoyers, erweiterte Verhaltensmuster zu entwickeln. Ein hehrer Anspruch, der per se Motivation voraussetzt und als primäres Ziel die Aktivierung Ihrer Volition verfolgt.

Der Praxistransfer liegt einzig und allein an Ihnen – selbst.

Es grüßt Sie
Ihr GG

# Inhaltsverzeichnis

**1 Stresskunde: Das Adrenalinzeitalter** — 1
1.1 Was sind die Ursachen? — 4
1.2 Überlastet oder gar schon gestresst? — 7
1.3 Alles Stress oder was? — 9
1.4 Burn-out – Die letzte Stressstufe — 10

**2 Komm zu DIR! – (M)ein Begleitwort** — 13
Literatur — 19

**3 Der Jurist** — 21
Literatur — 31

**4 Der Stress: Wie entsteht Stress?** — 33
4.1 Die Stressoren — 36
4.2 Der Workaholic — 39
4.3 Das individuelle Gefährdungspotenzial — 43
  4.3.1 Die Wissenschaft hat festgestellt — 45
Literatur — 51

**5   Der Antistress: Wie entsteht Gesundheit?**   53
  5.1   Die wichtigste Ressource gegen Stress   55
  5.2   Das wichtigste Werkzeug gegen Stress   61
  Literatur   65

**6   Das Training**   67
  6.1   Das Selbstmanagement   68
      6.1.1   Komm zu Dir! – Ein starkes
            Kohärenzgefühl   73
      6.1.2   Exkurs: Wie lernen Erwachsene?   87
      6.1.3   Komm zu Dir! – Die Lösung
            innerer Konflikte   102
      6.1.4   Komm zu Dir! – Aufbau eines
            Ressourcenpools   122
  6.2   Das Führungsmanagement   130
      6.2.1   Komm zu Dir! – Gesund
            führen: Der HoL-Ansatz   136
      6.2.2   Organisationale Resilienz   140
  6.3   Das Zeitmanagement   151
      6.3.1   Prioritäten setzen   160
      6.3.2   Unterbrechungen aussetzen   167
  6.4   Das Energiemanagement   174
      6.4.1   Komm zu Dir! – Eratme die
            Ruhe   177
      6.4.2   Komm zu Dir! – Die Energie
            des Geistes   182
      6.4.3   Komm zu Dir! – Body-Scan   190
  Literatur   196

**Postskriptum**   203

**Über den Initiator der
Anti-Stress-Trainer-Reihe**   205

# Über die Autorin

**Stefanie Simone Klief**
Σας χαιρετώ θερμά!

Zu welchen aber gehöre ich? Zu jenen, die sich gerne widerlegen lassen, wenn sie etwas Falsches sagen.
*Sokrates in ‚Gorgias' (Platon)*

Da hab' ich doch gerade wieder was gelernt: Das Wort „nahbar" steht nicht im Duden. Finde ich merkwürdig, denn die Alternative „zugänglich", ist für meine Bedürfnisse ungeeignet. Das ginge zu weit. Nahbar hingegen passt perfekt. Zu dem Stil, den ich als Autorin eigener Texte pflege. Vielleicht übertreibe ich das manchmal sogar ein wenig. Dann liegt das vermutlich daran, dass ich dies als Ghostwriter stilistisch schlicht nicht darf: Da steht meistens die Sach(dien)lichkeit im Vordergrund. Doch selbst wenn diese Manier Kritik heraufbeschwören sollte, bleib' ich da ganz nah bei mir und am Leser. Nicht um unsachlich zu werden, sondern um eine Brücke zur Zweckdienlichkeit zu schlagen. Authentisch bin ich allerdings immer. Auch in meinem beruflichen Hauptspektrum, als Auftragsschreiber. Ich brauche die Identifikation mit den Themen, derer ich mich annehme. Mich zu verdrehen, wäre viel zu anstrengend für mein melancholisches Phlegma. Kreadiva eben. Die war ich allerdings nicht immer.

Im Buch werden Sie einiges zum Thema „Perspektiventransformation" erfahren. Klar habe ich mir hierzu viel angelesen, aber in erster Linie spreche ich da aus eigener Erfahrung. Nach meinen ersten beiden beruflichen Leben als Familienfrau mit Leib und Seele und der Verkörperung der Unternehmerin in mir, fand ich mit dem, was ich jetzt seit zehn Jahren leidenschaftlich gerne tue, zu der Berufung meiner Seele. Was nicht heißt, dass meine Kernthemen ähnlich irrationaler Natur wären. Bei nachfolgender Aufzählung drängt sich wohl eher das Gegenteil auf:

Recht, HRM, Führung, Vertrieb, Kommunikation, Marketing und alles, was mit allem peripher im wirtschaftlichmenschlichen Kontext zu tun hat. Tja, was soll ich sagen: Ich mag trockenen Kram – das Studium der Rechtswissenschaften war offenbar dochvon Nutzen…

Wer bis hierher gelesen hat, dem verrate ich nun auch, dass die Überschrift „**Seien Sie herzlich gegrüßt!**" bedeutet – in Ehrerbietung vor meinem Zitategeber, dessen Worte ich komplett unterschreibe. Wer an dem umfassenden Zitat und an weiteren persönlichen wie beruflichen Details über mich interessiert ist, kann dies an dieser Litfaßsäule nachlesen: https://www.lektoratexten.de/ich/.

Ansonsten soll's das für heute gewesen sein. Schließlich geht es hier ja nicht um meine Selbstdarstellung, sondern um Ihre Selbstregulation. Also dann: Leinen los!

# 1

# Stresskunde: Das Adrenalinzeitalter

Peter Buchenau

**Das Konzept der Reihe**
Möglicherweise kennen Sie bereits meinen Anti-Stress-Trainer
(Buchenau 2010). Das vorliegende Kapitel greift darauf zurück,
weil das Konzept der neuen Anti-Stress-Trainer-Reihe die Tipps,
Herausforderungen und Ideen aus meinem Buch mit den jeweiligen Anforderungen der unterschiedlichen Berufsgruppen verbindet. Die Autoren, die jeweils aus Ihrem Jobprofil kommen,
schneiden diese Inhalte dann für Sie zu. Viel Erfolg und passen
Sie auf sich auf.

Leben auf der Überholspur: Sie leben unter der Diktatur
des Adrenalins. Sie suchen immer den neuen Kick und das
nicht nur im beruflichen Umfeld. Selbst in der Freizeit,
die Ihnen eigentlich Ruhephasen vom Alltagsstress bringen sollte, kommen Sie nicht zur Ruhe. Mehr als 41 %
aller Beschäftigten geben bereits heute an, sich in der Freizeit nicht mehr erholen zu können. Tendenz steigend.
Wen wundert es?

© Springer Fachmedien Wiesbaden GmbH, ein Teil von Springer
Nature 2019
S. S. Klief, *Der Anti-Stress-Trainer für Juristen,* Anti-Stress-Trainer,
https://doi.org/10.1007/978-3-658-15957-3_1

Anstatt sich mit Power-Napping (Kurzschlaf) oder Extrem-Couching (Gemütlichmachen) in der Freizeit Ruhe und Entspannung zu gönnen, macht die Gesellschaft vermehrt Extremsportarten wie Fallschirmspringen, Paragliding, Extrem-Climbing oder Marathon zu ihren Hobbys. Jugendliche ergeben sich dem Komasaufen, der Einnahme von verschiedensten Partydrogen oder verunstalten ihr Äußeres massiv durch Tattoos und Piercing. Sie hasten nicht nur mehr und mehr atemlos durchs Tempoland Freizeit, sondern auch durch das Geschäftsleben. Ständige Erreichbarkeit heißt die Lebenslösung. Digitalisierung und mobile virtuelle Kommunikation über die halbe Weltkugel bestimmen das Leben. Wer heute seine E-Mails nicht überall online checken kann, wer heute nicht auf Facebook, Instagram & Co. agiert, ist out oder schlimmer noch, der existiert nicht.

Klar, die Anforderungen im Beruf werden immer komplexer. Die Zeit überholt uns, engt uns ein, bestimmt unseren Tagesablauf. Viel Arbeit, ein Meeting jagt das nächste, und ständig klingelt das Smartphone. Multitasking ist angesagt, und wir wollen so viele Tätigkeiten wie möglich gleichzeitig erledigen.

Schauen Sie sich doch mal in Ihren Meetings um. Wie viele Angestellte in Unternehmen beantworten in solchen Treffen gleichzeitig ihre E-Mails oder schreiben WhatsApp Nachrichten? Kein Wunder, dass diese Mitarbeiter dann nur die Hälfte mitbekommen und Folgemeetings notwendig sind. Ebenfalls kein Wunder, dass das Leben einem davonrennt. Aber wie sagt schon ein altes chinesisches Sprichwort: „Zeit hat nur der, der sich auch Zeit nimmt." Zudem ist es unhöflich, seinem Gesprächspartner nur halb zuzuhören.

Das Gefühl, dass sich alles zum Besseren wendet, wird sich mit dieser Einstellung nicht einstellen. Im Gegenteil: Alles wird noch rasanter und flüchtiger. Müssen Sie dafür

Ihre Grundbedürfnisse vergessen? Wurden Sie mit Stress oder Burn-out geboren? Nein, sicherlich nicht. Warum müssen Sie sich dann den Stress antun?

Zum Glück gibt es dazu das Adrenalin. Das Superhormon, die Superdroge der High-Speed-Gesellschaft. Bei Chemikern und Biologen auch unter C9H13NO3 bekannt. Dank Adrenalin schuften Sie wie ein Hamster im Rad. Schneller und schneller und noch schneller. Sogar die Freizeit läuft nicht ohne Adrenalin. Der Stress hat in den letzten Jahren dramatisch zugenommen und somit auch die Adrenalinausschüttung in Ihrem Körper.

Schon komisch: Da produzieren Sie massenhaft Adrenalin und können dieses so schwer erarbeitete Produkt nicht verkaufen. Ja, nicht mal verschenken können Sie es. In welcher Gesellschaft leben Sie denn überhaupt, wenn Sie für ein produziertes Produkt keine Abnehmer finden?

Deshalb die Frage aus betriebswirtschaftlicher Sicht an alle Unternehmer, Führungskräfte und Selbstständigen: Warum produziert Ihr ein Produkt, das Ihr nicht am Markt verkaufen könnt? Wärt Ihr meine Angestellten, würde ich Euch wegen Unproduktivität und Fehleinschätzung des Marktes feuern.

Stress kostet Unternehmen und Privatpersonen viel Geld. Gemäß einer Studie der Europäischen Beobachtungsstelle für berufsbedingte Risiken (mit Sitz in Bilbao) vom 04.02.2008 leidet jeder vierte EU-Bürger unter arbeitsbedingtem Stress. Im Jahre 2005 seien 22 % der europäischen Arbeitnehmer von Stress betroffen gewesen, ermittelte die Institution. Abgesehen vom menschlichen Leid bedeutet das auch, dass die wirtschaftliche Leistungsfähigkeit der Betroffenen in erheblichem Maße beeinträchtigt ist. Das kostet Unternehmen bares Geld. Schätzungen zufolge betrugen die Kosten, die der Wirtschaft in Verbindung mit arbeitsbedingtem Stress entstehen, 2002 in den damals noch 15 EU-Ländern 20 Mrd.

EUR. 2006 schätzte das betriebswirtschaftliche Institut der Fachhochschule Köln diese Zahl alleine in Deutschland auf 80 bis 100 Mrd. EUR.

60 % der Fehltage gehen inzwischen auf Stress zurück. Stress ist mittlerweile das zweithäufigste arbeitsbedingte Gesundheitsproblem. Nicht umsonst sieht die Weltgesundheitsorganisation WHO Stress als größte Gesundheitsgefahr des 21. Jahrhunderts. Viele Verbände, wie zum Beispiel der Deutsche Managerverband, haben Stress und Burn-out auch zu zentralen Themen ihrer Verbandsarbeit erklärt.

## 1.1   Was sind die Ursachen?

Die häufigsten Auslöser für den Stress sind der Studie zufolge unsichere Arbeitsverhältnisse, hoher Termindruck, unflexible und lange Arbeitszeiten, Mobbing und nicht zuletzt die Unvereinbarkeit von Beruf und Familie. Neue Technologien, Materialien und Arbeitsprozesse bringen der Studie zufolge ebenfalls Risiken mit sich.

Meist Arbeitnehmer, die sich nicht angemessen wertgeschätzt fühlen und auch oft unter- beziehungsweise überfordert sind, leiden unter Dauerstress. Sie haben ein doppelt so hohes Risiko, an einem Herzinfarkt oder einer Depression zu erkranken. Anerkennung und die Perspektive, sich in einem sicheren Arbeitsverhältnis weiterentwickeln zu können, sind in diesem Umfeld viel wichtiger als nur eine angemessene Entlohnung. Diesen Wunsch vermisst man meist in öffentlichen Verwaltungen, in Behörden sowie Großkonzernen. Gewalt und Mobbing sind oft die Folge.

Gerade in Zeiten von Wirtschaftskrisen bauen Unternehmen und Verwaltungen immer mehr Personal ab. Daraus ergeben sich Hetze und Mehrarbeit aufgrund von Arbeitsverdichtung. Zieht die Wirtschaft wieder an, werden viele offene Stellen nicht mehr neu besetzt. Das Ergebnis: Viele Arbeitnehmer leisten massiv Überstunden. 59 % haben Angst um ihren Job oder ihre Position im Unternehmen, wenn sie diese Mehrarbeit nicht erbringen, so die Studie.

Weiter ist bekannt, dass Druck (also Stress) Gegendruck erzeugt. Druck und Mehrarbeit über einen langen Zeitraum führen somit zu einer Produktivitätssenkung. Gemäß einer Schätzung des Kölner Angstforschers Wilfried Panse leisten Mitarbeiter schon lange vor einem Zusammenbruch 20 bis 40 % weniger als gesunde Mitarbeiter.

Wenn Vorgesetzte in diesen Zeiten zudem Ziele schwach oder ungenau formulieren und gleichzeitig Druck ausüben, erhöhen sich die stressbedingten Ausfallzeiten, die dann von den etwas stressresistenteren Mitarbeitern aufgefangen werden müssen. Eine Spirale, die sich immer tiefer in den Abgrund bewegt.

Im Gesundheitsbericht der Deutschen Angestellten Krankenkasse (DAK) steigt die Zahl der psychischen Erkrankungen massiv an, und jeder zehnte Fehltag geht auf das Konto stressbedingter Krankheiten. Gemäß einer Studie des DGB bezweifeln 30 % der Beschäftigten, ihr Rentenalter im Beruf zu erreichen. Frühverrentung ist die Folge. Haben Sie sich mal gefragt, wie viel Geld Sie in Ihrem Unternehmen für durch Stress verursachte Ausfallzeiten bezahlen? Oder auf den einzelnen Menschen bezogen: Wie viel Geld zahlen Sie für Ihre Krankenversicherung, und welche Gegenleistung bekommen Sie von der Krankenkasse dafür?

Vielleicht sollten die Krankenkassen verstärkt in die Vermeidung stressverursachender Aufgaben und Tätigkeiten investieren, anstatt Milliarden unüberlegt in die Behandlung von gestressten oder bereits von Burn-out betroffenen Menschen zu stecken. In meiner Managerausbildung lernte ich bereits vor 20 Jahren: „Du musst das Problem an der Wurzel anpacken." Vorbeugen ist immer noch besser als reparieren.

Beispiel: Bereits 2005 erhielt die London Underground den Unum Provident Healthy Workplaces Award (frei übersetzt: den Unternehmens-Gesundheitsschutz-Präventionspreis) der britischen Regierung. Alle 13.000 Mitarbeiter der London Underground unterzogen sich ab 2003 einem Stress-Regulierungsprogramm. Die Organisation wurde angepasst, die Vorgesetzten auf Früherkennung und stressreduzierende Arbeitstechniken ausgebildet, und alle Mitarbeiter über die Gefahren von Stress und Burn-out aufgeklärt. Das Ergebnis war verblüffend. Die Ausgaben, bedingt durch Fehlzeiten der Arbeitnehmer, reduzierten sich um 455.000 britische Pfund, was einem Return on Invest von 1:8 entspricht. Mit anderen Worten: Für jedes eingesetzte britische Pfund fließen acht Pfund wieder zurück ins Unternehmen. Eine erhöhte Produktivität des einzelnen Mitarbeiters war die Folge. Ebenso verbesserte sich die gesamte Firmenkultur. Die Mitarbeiter erlebten einen positiven Wechsel in Gesundheit und Lifestyle.

Wann hören Sie auf, Geld aus dem Fenster zu werfen? Unternehmer, Führungskräfte, Personalverantwortliche und Selbstständige müssen sich deshalb immer wieder die Frage stellen, wie Stress im Unternehmen verhindert oder gemindert werden kann, um Kosten zu sparen und um somit die Produktivität und Effektivität zu steigern. Doch anstatt in Stresspräventionstrainings zu investieren, stehen landläufig weiterhin die Verkaufs- und Kommunikationsfähigkeiten des Personals im Fokus. Dabei zahlt sich, wie diese Beispiele beweisen, Stressprävention schnell und nachhaltig aus: Michael Kastner, Leiter des Instituts für Arbeitspsychologie und Arbeitsmedizin in Herdecke, beziffert die Rentabilität: „Eine Investition von einem Euro in eine moderne Gesundheitsförderung zahlt sich nach drei Jahren mit mindestens 1,8 EUR aus."

## 1.2 Überlastet oder gar schon gestresst?

Modewort Stress … Der Satz „Ich bin im Stress" ist anscheinend zum Statussymbol geworden, denn wer so viel zu tun hat, dass er gestresst ist, wird wohl eine gefragte und wichtige Persönlichkeit sein. Stars, Manager, Politiker gehen hier mit schlechtem Beispiel voran und brüsten sich in der Öffentlichkeit damit, „gestresst zu sein". Stress scheint daher beliebt zu sein und ist immer eine willkommene Ausrede.

Es gehört zum guten Ton, keine Zeit zu haben, sonst könnte ja Ihr Gegenüber meinen, Sie täten nichts, seien faul, hätten wahrscheinlich keine Arbeit oder seien ein Versager. Überprüfen Sie mal bei sich selbst oder in Ihrem unmittelbaren Freundeskreis die Wortwahl: Die Mutter hat Stress mit ihrer Tochter, die Nachbarn haben Stress wegen der neuen Garage, der Vater hat Stress, weil er die Winterreifen wechseln muss, der Arbeitsweg ist stressig, weil so viel Verkehr ist, der Sohn kann nicht zum Sport, weil die Hausaufgaben ihn stressen, der neue Hund stresst, weil die Tochter, für die der Hund bestimmt war, Stress mit ihrer besten Freundin hat – und dadurch keine Zeit.

Ich bin gespannt, wie viele banale Erlebnisse Sie in Ihrer Familie und in Ihrem Freundeskreis entdecken.

Gewöhnen sich Körper und Geist an diese Bagatellen, besteht die Gefahr, dass wirkliche Stress- und Burn-out-Signale nicht mehr erkannt werden. Das Risiko, in die Stressspirale zu geraten, steigt. Eine Studie des Schweizer

Staatssekretariats für Wirtschaft aus dem Jahr 2000 untermauerte dies bereits damit, dass sich 82 % der Befragten gestresst fühlen, aber 70 % ihren Stress im Griff haben. Entschuldigen Sie meine provokante Aussage: Dann haben Sie keinen Stress.

Überlastung … Es gibt viele Situationen von Überlastung. In der Medizin, Technik, Psyche, Sport et cetera hören und sehen wir jeden Tag Überlastungen. Es kann ein Boot sein, welches zu schwer beladen ist. Ebenso aber auch, dass jemand im Moment zu viel Arbeit, zu viele Aufgaben, zu viele Sorgen hat, oder dass ein System oder ein Organ zu sehr beansprucht ist und nicht mehr richtig funktioniert. Beispiel kann das Internet, das Stromnetz oder das Telefonnetz sein, aber auch der Kreislauf oder das Herz.

Die Fachliteratur drückt es als „momentan über dem Limit" oder „kurzzeitig mehr als erlaubt" aus. Wichtig ist hier das Wörtchen „momentan". Jeder von uns Menschen ist so gebaut, dass er kurzzeitig über seine Grenzen hinausgehen kann. Jeder von Ihnen kennt das Gefühl, etwas Besonders geleistet zu haben. Sie fühlen sich wohl dabei und sind meist hinterher stolz auf das Geleistete. Sehen Sie Licht am Horizont und sind Sie sich bewusst, welche Tätigkeit Sie ausführen und zudem, wie lange Sie an einer Aufgabe zu arbeiten haben, dann spricht die Stressforschung von Überlastung und nicht von Stress. Also dann, wenn der Vorgang, die Tätigkeit oder die Aufgabe für Sie absehbar und kalkulierbar ist. Dieser Vorgang ist aber von Mensch zu Mensch unterschiedlich. Zum Beispiel fühlt sich ein Marathonläufer nach 20 km überhaupt nicht überlastet, aber der übergewichtige Mensch, der Schwierigkeiten hat, zwei Stockwerke hochzusteigen, mit Sicherheit. Für ihn ist es keine Überlastung mehr, für ihn ist es Stress.

# 1.3    Alles Stress oder was?

Stress … Es gibt unzählige Definitionen von Stress, und leider ist eine Eindeutigkeit oder eine Norm bis heute nicht gegeben. Stress ist individuell, unberechenbar, nicht greifbar. Es gibt kein Allheilmittel dagegen, da jeder Mensch Stress anders empfindet und somit auch die Vorbeuge- und Behandlungsmaßnahmen unterschiedlich sind.

Nachfolgende vier Definitionen sind richtungsweisend:

„Stress ist ein Zustand der Alarmbereitschaft des Organismus, der sich auf eine erhöhte Leistungsbereitschaft einstellt." (Selye 1936; ein ungarisch-kanadischer Zoologe, gilt als der Vater der Stressforschung)

„Stress ist eine Belastung, Störung und Gefährdung des Organismus, die bei zu hoher Intensität eine Überforderung der psychischen und/oder physischen Anpassungskapazität zur Folge hat." (Vester 2008)

„Stress gibt es nur, wenn Sie ‚Ja' sagen und ‚Nein' meinen." (Sprenger 2016)

„Stress wird verursacht, wenn du ‚hier' bist, aber ‚dort' sein willst, wenn du in der Gegenwart bist, aber in der Zukunft sein willst." (Tolle 2004)

Bei allen vier Definitionen gilt es zu unterscheiden zwischen negativem Stress – ausgelöst durch im Geiste unmöglich zu lösende Situationen – und positivem Stress, welcher in Situationen entsteht, die subjektiv als lösbar wahrgenommen werden. Sobald Sie begreifen, dass Sie selbst über das Empfinden von freudvollem Stress (Eustress) und leidvollem Stress (Disstress) entscheiden, haben Sie Handlungsspielraum.

Bei positivem Stress wird eine schwierige Situation als positive Herausforderung gesehen, die es zu bewältigen gilt und die Sie sogar genießen können. Beim positiven

Stress sind Sie hoch motiviert und konzentriert. Stress ist hier die Triebkraft zum Erfolg.

Bei negativem Stress befinden Sie sich in einer schwierigen Situation, die Sie noch mehr als völlig überfordert. Sie fühlen sich der Situation ausgeliefert, sind hilflos, und es werden keine Handlungsmöglichkeiten oder Wege aus der Situation gesehen. Langfristig macht dieser negative Stress krank und endet oft im Burn-out.

## 1.4 Burn-out – Die letzte Stressstufe

Burn-out … Als letzte Stufe des Stresses tritt das sogenannten Burn-out auf. Nun hilft keine Medizin und Prävention mehr; jetzt muss eine langfristige Auszeit unter professioneller Begleitung her. Ohne fremde Hilfe können Sie der Burn-out-Spirale nicht entkommen. Die Wiedereingliederung eines Burn-out-Klienten zurück in die Arbeitswelt ist sehr aufwendig. Meist gelingt das erst nach einem Jahr Auszeit, oft auch gar nicht.

Nach einer Studie der Freiburger Unternehmensgruppe Saaman aus dem Jahr 2007 haben 45 % von 10.000 befragten Managern Burn-out-Symptome. Die gebräuchlichste Definition von Burn-out stammt von Maslach & Jackson aus dem Jahr 1986: „Burnout ist ein Syndrom der emotionalen Erschöpfung, der Depersonalisation und der reduzierten persönlichen Leistung, das bei Individuen auftreten kann, die auf irgendeine Art mit Leuten arbeiten oder von Leuten beeinflusst werden."

Burn-out entsteht nicht in Tagen oder Wochen. Burn-out entwickelt sich über Monate bis hin zu mehreren Jahren, stufenweise und fortlaufend mit physischen, emotionalen und mentalen Erschöpfungen. Dabei kann es immer wieder zu zwischenzeitlicher Besserung und Erholung kommen. Der fließende Übergang von der normalen Erschöpfung über den Stress zu den ersten Stadien des Burn-outs wird oft nicht erkannt, sondern als „normale" Entwicklung akzeptiert. Reagiert der Betroffene in diesem Zustand nicht auf die Signale, die sein Körper ihm permanent mitteilt, und ändert der Klient seine inneren oder äußeren Einfluss- und Stressfaktoren nicht, besteht die Gefahr einer sehr ernsten Erkrankung. Diese Signale können dauerhafte Niedergeschlagenheit, Ermüdung, Lustlosigkeit, aber auch Verspannungen und Kopfschmerzen sein. Es kommt zu einer kreisförmigen, gegenseitigen Verstärkung der einzelnen Komponenten. Unterschiedliche Forschergruppen haben auf der Grundlage von Beobachtungen den Verlauf in typische Stufen unterteilt.

Wollen Sie sich das alles antun?

Leider ist Burn-out in den meisten Firmen ein Tabuthema – die Dunkelziffer ist groß. Betroffene Arbeitnehmer und Führungskräfte schieben oft andere Begründungen für ihren Ausfall vor – aus Angst vor negativen Folgen, wie zum Beispiel dem Verlust des Arbeitsplatzes. Es muss ein Umdenken stattfinden!

Wen kann es treffen? Theoretisch sind alle Menschen gefährdet, die nicht auf die Signale des Körpers achten. Vorwiegend trifft es einsatzbereite und engagierte Mitarbeiter, Führungskräfte und Selbstständige. Oft werden diese auch von Vorgesetzten geschätzt, von Kollegen bewundert, vielleicht sogar beneidet. Solche Menschen sagen auch nie „nein"; deshalb wachsen die Aufgaben, und es stapeln sich die Arbeiten. Dazu kommt oft, dass sich Partner, Freunde und Kinder über zu wenig Zeit und Aufmerksamkeit beklagen.

Aus eigener Erfahrung kann ich sagen, dass der Weg zum Burn-out anfänglich mit kleinsten Hinweisen gepflastert ist, kaum merkbar, unauffällig, vernachlässigbar. Es bedarf einer hohen Achtsamkeit, um diese Signale des Körpers und der realisierenden Umwelt zu erkennen.

Kleinigkeiten werden vergessen und vereinbarte Termine werden immer weniger eingehalten. Hobbys und Sport werden – wie bei mir geschehen – erheblich vernachlässigt. Auch mein Körper meldete sich Ende der neunziger Jahre mit leisen Botschaften: Schweißausbrüche, Herzrhythmusstörungen, schwerfällige Atmung und unruhiger Schlaf waren die Symptome, die anfänglich nicht von mir beachtet wurden. Doch dann horchte ich auf und bemerkte, dass ich meine Karriere eher verbissen denn beflissen sah, und bewirkte noch früh genug einen Kurswechsel.

Jetzt übergebe ich den Griffelstaffelstab an meine Kollegin Stefanie Klief, die sich des Themas annimmt, wie Sie zur Stimmigkeit Ihres Selbst finden können.

Suche nach Ruhe, aber durch das Gleichgewicht, nicht durch den Stillstand deiner Tätigkeit.
Friedrich Schiller

## Literatur

Buchenau P (2010) Der Anti-Stress-Trainer. 10 humorvolle Soforttipps für mehr Gelassenheit. Gabler Verlag, Wiesbaden

Selye H (1936) A Syndrome produced by Diverse Nocuous Agents. Nature 138(3479) S 32

Sprenger RK (2016) Die Entscheidung liegt bei dir!: Wege aus der alltäglichen Unzufriedenheit, 16. Aufl. Campus Verlag, Frankfurt a. M.

Tolle E (2004) Jetzt! Die Kraft der Gegenwart, 11. Aufl. Kamphausen, Bielefeld

Vester F (2008) Phänomen Stress. Wo liegt sein Ursprung, warum ist er lebenswichtig, wodurch ist er entartet? 19. Aufl. dtv Verlagsgesellschaft, München

# 2

# Komm zu DIR! – (M)ein Begleitwort

Danke sehr, lieber Peter. Ich möchte direkt an deinen letzten Gedanken anknüpfen, der von Reflexion und Selbstwirksamkeit spricht: DAS Hauptthema meiner Stoßrichtung für „meine Juristen", die mir als Berufsgruppe sehr am Herzen liegen. Ich werde den Titel des Buches sehr ernst nehmen und eine Erwartungshaltung an die Leser aufbauen: Ohne Training ist kein persönlicher Gegenentwurf zu krankmachendem Stress möglich.

Ich bin zutiefst davon überzeugt, dass Menschen ihre eigene Realität gestalten und konstruieren. Philosophierende Menschen nennen dies Konstruktivismus. Liberale Menschen nennen dies Eigenverantwortung. Der profunde Gedanke, dass die Menschen Erfinder ihrer Wirklichkeit sind, war mir schon sehr früh aus meiner eigenen Denke heraus selbstverständlich, sodass ich die Eigenverantwortung in jedem Lebensbereich außerordentlich hoch verorte. Ich sehe sie als Aufforderung, die Verhältnisse so zu ordnen, dass daraus der Antrieb zum möglichst

© Springer Fachmedien Wiesbaden GmbH, ein Teil von Springer Nature 2019
S. S. Klief, *Der Anti-Stress-Trainer für Juristen*, Anti-Stress-Trainer, https://doi.org/10.1007/978-3-658-15957-3_2

selbstständigen Handeln wird. Eigenverantwortung nicht als Gegensatz zur Solidarität, sondern als deren erste Voraussetzung. In der persönlichen Verantwortung auf Gegenseitigkeit liegt der Schlüssel dafür, dass jeder für sich selber das tut, was er kann, damit genügend Mittel frei werden, um denen zu helfen, die sich nicht alleine helfen können. Etwas näher damit befasst, faszinierte mich der Konstruktivismus jedoch immer mehr. Denn er geht außerdem davon aus, dass hinter jedem Phänomen ein Prozess wirkt, der diese Erscheinung kreiert oder entstehen lässt. Wichtig wird eine Erfahrung für uns erst, wenn wir ihr Bedeutung und Sinn verleihen. Auf diese Weise erschafft der Mensch seine eigene Realität auch, oder vielleicht sogar vor allem, im Hinblick auf Bedeutsamkeit und Sinnhaftigkeit. Ein sehr wichtiger weiterer Schritt hin zu Selbstfindung und zu der Beantwortung der Frage: Wie kann ich mich auch als Erwachsener derart weiterentwickeln, dass ich dadurch nicht nur mögliche Defizite meiner Kindheit ausgleiche oder gravierende Lebensveränderungen verarbeitet bekomme, sondern mir auch neue – konstruktive – Verhaltensweisen aneigne? Und damit einen immens wichtigen Schritt auf der Suche nach dem persönlichen Umgang mit Stress mache.

> Wenn ich eine Stunde habe, um ein Problem zu lösen, dann beschäftige ich mich 55 min mit dem Problem und 5 min mit der Lösung.
> Albert Einstein

Ich biete keine einfachen Lösungen. Und ich will und werde auch nicht propagieren, dass Sie sich auf den Tunnel der Problemsicht fokussieren. Ich spreche Menschen an, die in der Lage und vor allem willens sind, sich selbst anzuschauen. Zuallererst und im nächsten Schritt und sogar auch noch im übernächsten, bevor sie dann erst ihr Umfeld bewerten und dort nach der Verantwortung suchen. Menschen, die sich selbst und dem Nachdenken darüber Bedeutung verleihen.

Mein Plädoyer, sich, die Selbstregulation und damit auch den eigenen Stress zu justieren, zielt darauf ab, (wieder) zu sich zu finden oder bei sich zu bleiben – je nach persönlichem Level kann da eine Erinnerung manchmal nicht schaden. Dies ist keine lapidare Aufforderung, zu sich zu kommen, um wieder konform und angepasst durch die Welt zu leben, sondern meine Betonung liegt auf dem Wörtchen „DIR". Ich verstehe es als Einladung auf konstruktiven Wegen, denen der Selbstregulationsmechanismen, das eigene Selbst zu erkunden. Und ich stehe mit dieser Ansicht nicht alleine da.

**„Stress ist die Würze des Lebens."**
Zumindest laut Hans Seyle, Stressforscher der ersten Stunde (Seyle 1981). Eine Metastudie aus dem Jahre 2004, (Kemeny und Dickerson 2004), die 208 Studien zu den Umständen der Ausschüttung des Stresshormons Cortisol ausgewertet hat, bestätigt den mentalen Kern seiner Aussage. Sie kam zu dem Ergebnis, dass dies viel mit dem Thema Selbstwert zu tun hat: Es ist ein zentraler Faktor psychischer Gesundheit, sich selbst als wertvoll und bedeutsam zu empfinden. Mehr noch: Wird das soziale Selbst bedroht, reagiert der Körper mit dem gleichen Stress, als wenn das physische Selbst bedroht wäre.

Das in Kombination mit der Überzeugung, dass jeder Mensch alle Ressourcen in sich trägt, die er zu seiner Selbstverwirklichung braucht und mithilfe derer er sein Leben mit Sinn erfüllen kann – und mein Buchkonzept war geboren: Eine innere Haltung, die eine andere Sichtweise in Kombination mit einem Bewusstseinswandel einnimmt, ergibt eine Perspektiventransformation. Verstellen uns Probleme den Blick oder lösen sie Stress aus, gehören sie offensiv angegangen. Somit liegt auf dem Umgang mit Problemen ein wichtiges Augenmerk und sind Problemlösestrategien einzuüben und anzuwenden. Häufig entstehen Probleme aus einer wahrgenommenen Dissonanz von Ziel und Zielfindungsmöglichkeiten. Ein Zustand, der unerwünscht ist, aber keine Verfügbarkeit der Mittel, diesem abzuhelfen. Oder die Mittel und Wege sind unbekannt. Zusammengefasst haben wir ein Problem, bei einem unerwünschten Ausgangszustand und einem erwünschten Endzustand mit einer dazwischenliegenden Barriere, die die entsprechende Transformation verhindert (Dörner 1979). Wann immer in einem solchen Fall bloßes operatives Handeln nicht ausreicht, braucht es das intensive Nachdenken über Optionen. Mezirow, der das Transformative Lernen konzipiert hat, das wir später noch näher kennenlernen werden, ist der Meinung, dass alles, was wir lernen, ein Ergebnis dessen ist, was wir an Problemen bereits gelöst haben (Mezirow und Associates 1990, S. 5).

Das Problem im Detail zu (er)kennen, ist daher zunächst wichtiger als die Lösung zu suchen, denn die genaue Darstellung des Problems führt zur Lösung. Es gibt nie ein Problem „an sich" oder aus sich selbst heraus, es ist also nie völlig unabhängig vom potenziellen Problemlöser zu sehen. So wie immer jeder Mensch Anteil an einem Konflikt mit einem anderen Menschen hat, so wird auch eine Situation erst zu einem Problem vor dem Hintergrund der jeweiligen momentanen als unbefriedigend erachteten Zielsetzungen dieser Person. Um diese Barriere zu überwinden braucht es eine gehörige Portion des Nachdenkens – auch oder vielleicht in erster Linie – über sich selbst.

Selbstreflexion vor Prozessreflexion. In dem Kontext möchte ich mein vorangestelltes Einstein-Zitat verstanden sehen: Stressgeschaltet zu sein, bedeutet nicht, dass irgendjemand anderes einen Schalter in Ihnen umgelegt hat, sondern, dass Ihre Schaltkreise wörtlich genau das tun, was sie real nicht tun sollten: im Kreis schalten.

Das Unbewusste hat im Rahmen der Stressbewertung eine enorme Bedeutung. Überlässt man seinem Unterbewusstsein das Ruder, führt es einen nur allzu leicht in stürmische Gewässer. Der Grund, warum ich mich in diesem Buch so sehr auf die bewusste Selbstregulation konzentriere. Indem Sie die souveräne Selbstführung priorisieren, können Sie dem Teufelskreis sich selbst regulierender Stressmechanismen entkommen.

Infolgedessen widme ich in Relation Ihnen als Person geschätzte 55 min – während für den Stress nur noch fünf Minuten übrig bleiben. Dass ich Sie persönlich nicht kenne, spielt kaum eine Rolle. Mein Abstraktionsvermögen ist legendär.

## Der Aufbau des Trainingsprogramms

Ressourcen, also Hilfsmittel, die einem Menschen zur Absolvierung seines Lebens insgesamt zur Verfügung stehen, werden eine große Rolle spielen. Sie nehmen direkt Einfluss auf die Erhaltung oder Steigerung des Gesundheits- und Wohlbefindens. Indem sie körperliche, aber auch psychische Beeinträchtigungen verhindern helfen, wirken sie mittelbar auf die Reduzierung von Stressoren. Wundern Sie sich nicht – das werde ich nicht müde werden zu wiederholen. Erschöpfung kann durch zu viele Arbeitsanforderungen entstehen, die auf zu wenige Ressourcen treffen. Der Grad der Ressourcenausprägung ist also an sich schon ein wichtiger Seismograf, doch wird ihre Nutzung zusätzlich durch eine Vielzahl von Faktoren bestimmt, die unterschiedlichen inhaltlichen Ebenen zuzuordnen sind.

Da ist zum einen die Handhabe bestimmter Bewertungstechniken, mit denen Sie die individuellen Bewältigungsoptionen Ihres Stresses wahr- und vornehmen, das sogenannte „Coping". Strategien der Bewertung, die allerdings wiederum viel damit zu tun haben, welche Ressourcen Sie wie abrufen und einsetzen können. Das führt uns zu dem Punkt, womit diese Coping-Prozesse zu unterstützen sind. Denn die Kenntnis der Technik alleine nutzt nicht viel, wenn sie nicht mit bestimmten Ressourcen korreliert – und umgekehrt. Damit Sie dieses Konglomerat aus Know-how und Rüstzeug trainieren, also festigen und ausbauen können, stelle ich Ihnen zwei relativ neue Selbstmanagementkonzepte vor: die Introvision von Prof. Dr. Angelika C. Wagner und das Zürcher Ressourcen Modell „ZRM®" von Dr. Maja Storch und Dr. Frank Krause. Dass man auch noch als ausgewachsener Mensch über 30 grundsätzlich in der Lage ist, sein Selbst und damit seine Persönlichkeit in eine bestimmte Richtung zu lenken, ist dafür wichtig zu wissen. Dass unser Gehirn dabei als Wächter über unser Unterbewusstsein eine große Rolle für Regression und Progression spielt, auch.

Eine andere Ebene ist die des verantwortlichen Führungshandelns. Peter Buchenau hat den Sinn und Zweck von Stressregulierungsprogrammen schon angesprochen. Ich gehe noch einen Schritt weiter und stelle Ihnen das Health-oriented Leadership (HoL) vor. In dem Zusammenhang bietet sich ein Blick auf das an, was man „Come in and burn out" nennen könnte: kollektives Ausgebranntsein auf Organisationsebene – aber umgekehrt. Wenn ganze Unternehmen in ihrer Struktur vom Stressfeuer betroffen sind, kann auch nur ein Löschen auf Organisationsebene helfen. Stressresistente Unternehmen – gibt es so was? Durchaus. Beides weitestgehend neuere Themenkomplexe mit riesig großem Innovationspotenzial, für die ich ein wenig sensibilisieren möchte.

Letzteres gilt für das Zeitmanagement ganz im Gegenteil – ein ziemlich abgegrastes Feld – doch darf es in einem Anti-Stress-Trainermanual einfach nicht fehlen. Zumal auch mir es als realitätsnahes Alltagsritual immer noch am wichtigsten erscheint, wie man mit seiner empfindsamsten Ressource, der Zeit, umgeht. Ich nenne sie die Zicke unter den

Ressourcen, weil sie so unbeweglich ist wie eine Bahntrasse. Sie spuckt einfach niemals mehr als 24 h am Tag aus. Ob man nun Lieschen Müller oder Mahatma Ghandi oder Bill Gates heißt. Ob man Reinigungskraft oder amerikanischer Präsident ist. Lehrer oder Jurist. Anwalt oder Verwaltungsbeamter oder oberster Verfassungsrichter. 24 h – nicht mehr und nicht weniger. Allerdings ist die Wirksamkeit von Zeitmanagementtrainingsmaßnahmen auf das Stresserleben durchaus umstritten. Zwar gibt es signifikante Effekte bei der Durchführung potenziell stressreduzierender Aktivitäten, jedoch nicht in Bezug auf das Stresserleben selbst. Was mich darin bestärkte, diesen Punkt, also das subjektive Stressempfinden und den Umgang damit, beherzt ins Zentrum des Buches zu stellen – nicht ohne allerdings, nach so viel kognitivem Input, noch ein paar holistische Gedanken zu Ihrer ureigenen Lebensenergie einzubinden. Und so schloss sich der Kreis meiner Vorüberlegungen, und ich legte los. Und womit? Na, mit Ihnen natürlich.

## Literatur

Dörner D (1979) Problemlösen als Informationsverarbeitung, 2. Aufl. Kohlhammer Standards Psychologie/Studientext, Stuttgart

Kemeny ME, Dickerson SS (2004) Acute stressors and cortisol responses: a theoretical integration and synthesis of laboratory research. https://www.ncbi.nlm.nih.gov/pubmed/15122924. Zugegriffen: 10. Apr. 2019

Mezirow J, Associates (1990) Fostering critical reflection in adulthood: a guide to transformative and emancipatory learning. Jossey-Bass, San Francisco

Selye H (1981) Geschichte und Grundzüge des Stresskonzeptes. In: Nitsch JR (Hrsg) Stress. Theorien, Untersuchungen, Maßnahmen. Huber, Bern, S 163–187

# 3

# Der Jurist

Der Unterschied zwischen Gott und einem Juristen? Gott
glaubt nicht, er sei Jurist …
Oft gehört. Nie gelacht.

Sie spielen in der Agilliga, stimmt's? Egal von welcher
Seite man es betrachtet – Sie stellen sich jeder sich ver-
ändernden Bedingung Ihrer Arbeitsumwelt und versuchen
dieser gerecht zu werden. Nein, SIE würden formulieren:
WERDEN dieser gerecht. Weil dies alternativlos ist. Weil
auch nur der Geruch des Konjunktivs nicht zu Ihrem
Wortschatz gehört. Die tägliche Konfrontation mit den
drei Hs der beruflichen Widerstände liegt Ihnen im Blut –
egal, ob genetisch mitgebracht oder eingeimpft:

- Hürden nehmen
- Hemmnisse ausbügeln
- Hindernisse überwinden

© Springer Fachmedien Wiesbaden GmbH, ein Teil von Springer
Nature 2019
S. S. Klief, *Der Anti-Stress-Trainer für Juristen,* Anti-Stress-Trainer,
https://doi.org/10.1007/978-3-658-15957-3_3

Dass dies das Arbeitsumfeld hastig macht und man es irgendwann vielleicht zu hassen beginnt, ohne zunächst genau zu wissen, woran es liegt, ist mehr als nur ein kleines Wortspiel: Es kennzeichnet einen (an)getriebenen Arbeitstypus, der vielleicht eines gar nicht so schönen Tages zu seinem eigenen Hemmnis wird und so manche Hürde reißt, bevor der Antrieb ausfällt und dann sogar an einem normalen „9 to 5" – Pensum hindert. Weil dieser Stresstest permanenter Agilität, die je nachdem, schlichten oder beraten, Verträge gestalten oder helfen soll, im Rahmen einer sehr komplexen Materie „Recht" zu bekommen, irgendwann mehr überfordert als nur herauszufordern.

## (Vor)Urteile

Ich bin nicht als Jurist tätig. Vielleicht haben Sie sich deshalb schon gefragt, was mich legitimiert, über Ihren Stress zu schreiben. Nun, in erster Linie schreibe ich ja „gegen Ihren Stress". Was man leicht falsch, weil als Negierung desselben, verstehen könnte. Und ich beichte Ihnen auch gleich noch etwas: Ich bin tatsächlich grundsätzlich der Meinung, dass „unsere Gesellschaft" viel zu leicht, viel zu häufig und viel zu wehleidig ihren sogenannten Stress bekundet und bejammert. Es gibt wenige Berufsgruppen, für die ich Ausnahmen gelten lasse – und die der Juristen steht bei mir ganz oben auf dieser Liste! Direkt neben der der Lehrer. Haben diese beruflichen Felder Überschneidungen? Auf den ersten Blick sicher nicht. Doch sieht man ein wenig genauer hin, sind beide Berufe für unsere Gesellschaft von größter Wichtigkeit. Der Lehrberuf ist für mich einer der anspruchsvollsten und nicht nur, aber auch deshalb, eine der anstrengendsten Tätigkeiten, die man sich nur freiwillig aussuchen kann. Ich selbst sähe mich dafür nicht geeignet und habe eine tiefe

Hochachtung vor jedem einzelnen Lehrer – egal welcher Schulformen und Stufen. Weshalb es mich stellenweise entsetzt, wie groß die Kluft zwischen meiner Sicht und Teilen der Gesellschaft ist.

Ganz ähnlich ergeht es mir schon immer, wenn ich Menschen über Juristen sprechen höre. Denn die sind natürlich alle reich und dazu: überheblich, eingebildet, arrogant – ja alles drei zusammen – dekadent sowie, gleichzeitig besserwisserisch und in ihren Meinungen fast nie kongruent. Was natürlich per se misstrauisch macht, gibt es doch Gesetze, und sollte es doch darauf basierend immer oder zumindest meistens EINE Meinung, EINE Beratung, EIN Urteil geben. Da dies offensichtlich anders ist, kann es ja nur so sein, dass ein Jurist kein Recht-Versteher, sondern ein Recht-Verdreher ist. Und verfügst du nur über genug Vermögen, so dreht dir dieser Jurist an deiner Seite schon alles ganz genauso hin, wie du es haben willst. Während die „kleinen Leute" ihr gutes Recht kaum einmal durchbekommen. Und so weiter und so weiter und so weiter …

Nun ja – die Welt ist schlecht und diese Meinung hält sich seit Menschengedenken. Sie den Menschen zu verdenken fällt sogar ein bisschen schwer, denn wie soll sich ein Laie auch zurecht finden im Dickicht der Materie. Da braucht es Vertrauen. Und das werden sich Juristen immer erarbeiten müssen – in jedem Zweig ihres Berufes. Anders als bei Ärzten, denen häufig Respekt und Hochachtung entgegenschlagen, einfach nur, weil sie einen weißen Kittel tragen, muss sich ein Jurist erst mal durch das Dickicht der Vorurteile schlagen und sich eine gewisse Wertschätzung durch die Aura des Argwohns erarbeiten. So zumindest einer meiner Professoren bei einer Einführungsveranstaltung vor mehreren hundert Erstsemestern 1987 an der Kölner Uni. Dieser Satz hat sich mir ins Hirn eingebrannt – denn ja, ich BIN tatsächlich Juristin[1], habe diesen Beruf originär jedoch nie ausgeübt. Dass es sich um einen besonderen Menschenschlag handelt, kann ich trotzdem beurteilen. Diesem möchte ich mich nachfolgend versuchen, ein klein wenig zu nähern. Beginnend mit der Motivation, Rechtswissenschaften zu studieren.

### Ein Jurist ist ein Jurist ist ein Jurist ist ein Jurist …

Das Berufsbild des Juristen ist so schillernd umfangreich wie sein Ruf als Paragrafenreiter langweilig. Wollte ich allen Ebenen der juristisch Tätigen gerecht werden, ich hätte den Verlag um eine eigene Reihe bitten müssen. Ich überlegte kurz – und entschied mich dann für einen anderen Weg. Den der Mitte. Der Schnittmenge aller Juristen, egal auf welchen beruflichen Spitzenplatz es sie befördert hat: den des Menschen und seiner Charakteristika, die ihn dazu bewegen diesen beruflichen Weg einzuschlagen. Gehen wir also kurz den Fragen nach: Warum um alles in der Welt wird man überhaupt Jurist? Gibt es „juristische Charaktereigenschaften"? Und wenn ja, wie und wann machen die sich bemerkbar?

Als Absolvent eines deutschen Gymnasiums bleibt man während seiner schulischen Laufbahn von fast allen Rechtsmaterien unbe(f)leckt. Zumindest was das

---

[1]An dieser Stelle sei erwähnt – ich BIN Juristin UND nehme eine ablehnende Haltung gegenüber einer angestrengten, grenzüberschreitenden Gendersprache ein: Wenn es passt, nutze ich die weibliche Form, aber nicht, weil es mir vorgegeben wird, sondern weil es dann ganz einfach: passt. Und wenn nicht, dann eben nicht! Menschen, die dies so handhaben, zu unterstellen, sie meinten nicht immer alle Menschen jeglichen Geschlechts, ist meiner Meinung nach aggressiv und dumm. Und Menschen zu sagen, dass mit Nutzung des männlichen Genus immer auch Menschen weiblichen Geschlechts gemeint seien, ist diffamierend, weil man dann die Leser für dumm erklärt. Weshalb es in meinen Büchern auch eine solche Fußnote niemals geben wird. Aus tiefstem Respekt vor allen Frauen dieser einen Welt.

Privat- oder gar Prozessrecht angeht. Vielleicht streift man mal ansatzweise das Arbeits- und Sozialrecht, wenn man ambitionierte, oder sagen wir, entsprechend politisch ausgerichtete Geschichts-, Politik- oder Sozialwissenschaftslehrer hatte. Allerdings sind diese, oder auch staatsrechtliche Lehrinhalte in homöopathischen Dosen, seltenst geeignet, ins Langzeitgedächtnis Einzug zu finden. Vielleicht gab es ja bei Ihnen eine Rechtskunde AG? So war es bei mir, vor über 30 Jahren irgendwann in der Mittelstufe. Ich fand mich dort irgendwie ganz selbstverständlich wieder, während der Großteil meiner Stufe den IT-Kurs präferierte. Dass dies die Weichenstellung meiner ZVS-Bewerbung war, kann ich dennoch nicht sagen.

Mich für ein rechtswissenschaftliches Studium zu bewerben hatte damals drei Gründe: 1) Ich wollte unbedingt Publizistik studieren. 2) Das hatte einen Einser-NC und den schrammte ich knapp, aber klar erkennbar. 3) Ich wusste damals nicht viel, aber dass man mit dem Jurastudium hinterher „alles Mögliche" machen kann und nichts unbedingt machen muss – war mir klar! Außerdem nahm ich mir vor, „nebenher" Publizistikvorlesungen zu besuchen und mir so diesen Teil meines Wissensdurstes einfach unerlaubt und unabgefragt trotzdem anzueignen. Womit ich den Umfang und Aufwand des Jurastudiums allerdings um Welten unterschätzte, zumal es damals noch keine Freischussregelung gab. Genug von mir, es sollte nur als Beispiel dafür dienen, dass es die seltsamsten Gründe für die Aufnahme einer juristischen Ausbildung geben kann. Doch denke ich, dass der überwiegende Prozentsatz diese, im Gegensatz zu mir, nicht in der enttäuschten Alternative zu der wirklichen Berufung sieht.

Manch einer mag Juristen in der Familie, Serien wie „The Good Wife" oder gar „Suits" zu ernst genommen oder das schnelle große Geld im Visier gehabt haben.

Vielleicht lag der Trigger auch in der persönlichen und ungerechten Konfrontation mit einem Konfliktthema, oder Sie, ja Sie, haben sich besonders engagiert über Ihr künftiges Studium informiert und tatsächlich ein ernsthaftes Interesse an der Materie entwickelt. Also dann, Butter bei die Fische: Welche entsprechenden Charaktereigenschaften hatten Sie aufzuweisen? Also außerhalb der Abneigung der betriebswirtschaftlichen Fakultät? Und ich schreibe bewusst NICHT Soft Skills – also noch nicht – sondern spreche den Charakter an. Warum ich das tue? Weil ich der Meinung bin, dass Juristen eine schwere gesellschaftliche Verantwortung tragen, derweil sie in unserer Gesellschaft einen nicht ganz so leichten Stand haben: Gesellschaftspolitische Grundentscheidungen werden auf Juristen abgeladen; in Deutschland gibt es die meisten Prozesse und die meisten Fachzeitschriften; die Justiz ist angesichts der Streitlust der Deutschen überlastet (Preis S. 22) – um nur ein paar Punkte zu nennen.

**Er könnte, dann müsste, er hat, also ist!**
Ob ich den Gutachtenstil werde konsequent durchhalten können, weiß ich noch nicht, aber wer kann das schon. Zunächst einmal ist ein Jurist natürlich ein normaler Mensch. Ein Mensch mit Charakterzügen wie jeder andere auch. Es gibt extra- wie introvertierte, liebevolle und eher kühle, intelligente und sich durchwurschtelnde, nette und herablassende, tolerante und erzkonservative, liberale und arrogante, künstlerisch begabte und so weiter und so fort. Doch lässt es sich auch spezifizieren: Denn es braucht ganz sicher ein bestimmtes Maß an Selbstbewusstheit und Entschlossenheit in Bezug auf die Materie und an innerer Widerstandsfähigkeit in Bezug auf die vielen unterschiedlichen Menschen und Themen, mit denen man es zu tun bekommt. Und ohne nun der Schönmalerei zu verfallen und mit beiden Beinen auf der Erde

verbleibend, behaupte ich: Es braucht eine gewisse „Liebe zur Gerechtigkeit", um den täglichen Kampf ums Recht, gleich auf welcher Schiene man sich bewegt, zu bestehen. Selbst wenn dieser Kampf oft genug mit Scheuklappen geführt werden muss, bleibt das grundsätzliche Anliegen eines jeden Menschen, der sich „Rechtsbeistand" sucht, oder vor Gericht zieht oder steht, sein Ultima-Ratio-Gerechtigkeitsempfinden abzubilden, legitim. Und dem gilt es abzuhelfen.

In der „Juristerei" geht es um zentrale Fragen des menschlichen Zusammenlebens. Als Jurist trägt man Verantwortung für Menschenschicksale. In dieser Funktion wünsche ich mir deshalb nur Menschenfreunde. Dafür bedarf es eines soliden ethischen Fundamentes. Verfügt darüber ein Twen zum Zeitpunkt seiner Entscheidungsfindung für diesen Beruf? Also nur mal rein – logisch? Selbst wenn wir mit Recht davon ausgehen, dass die Basis für ein Fundament in kindlicher Prägung und Sozialisation begründet ist, so stimmen Sie mir hoffentlich genauso zu, wenn ich behaupte: maximal in Maßen. Werden die Weichen für die spätere berufliche Praxis also im Studium gestellt? Das ist sicher nur sehr individuell beantwortbar.

Meine eigene Erfahrung: Das ausgegebene Ziel der juristischen Ausbildung ist es nicht, funktionierende „Rechtsklempner" zu produzieren, sondern Menschen, die über ein hohes Maß geistiger Unabhängigkeit verfügen und sich im Rahmen dessen der besonderen Bedeutung ihrer künftigen Aufgaben bewusst sind. Also: theoretisch. Obwohl es durchaus ambitionierte Professoren gibt, die das nicht nur skandieren, sondern auch predigen – oh, Entschuldigung – dozieren. Mehr möchte ich zur rechtswissenschaftlichen Ausbildung in Deutschland nicht sagen, ein zu weites Feld, mit Minen allüberall. Kennen Sie „Fischer im Recht"? Die Kolumne von Thomas Fischer auf Zeit online? Ich weiß, an Herrn Fischer spalten sich die Meinungen in aller Herren Länder Richtung, aber seine Kolumne zum Thema: „Strafrechtspersonal: Der Richter" ist es wert, ein paar Minuten vergnügliche Lesezeit zu widmen. https://www.zeit.de/gesellschaft/ zeitgeschehen/2015-06/justiz-karriere-strafrechtspersonal-richter (Zugriff: 17.06.2019)

Aber erst mal zurück zu Ihnen: Eine kritische Distanz zu der Materie zu behalten, lernt man nicht über Nacht, sie ist aber unbedingt notwendig. Selbst ein noch so motivierter Streiter für die Gerechtigkeit wird schnell erkennen müssen: Allein mithilfe des Rechts wird Gerechtigkeit nicht immer zu erreichen sein. Drei Anwälte – drei Meinungen? Genau. Aber das macht „das Recht" nicht obsolet, denn ohne würde die Freiheit, der soziale Friede und die Gerechtigkeit als solche in Gefahr geraten, wenn nicht gar zur Illusion verkommen.

Ok, nun haben wir ein paar Überschriften. Aber wie muss ein Mensch spezifisch gestrickt sein, der derartiges zu seinem Beruf wählt? Über den selbstverständlichen Grundlagen, die Befähigung zu selbstständigem Arbeiten und Denken, mit der deutschen Sprache in Wort und Schrift perfekt umgehen zu können und logischem Querdenkvermögen hinaus? Sie merken, ich kann ziemlich stur sein.

### Die Justiz als Hüter des Rechts und der Freiheit – und Sie mittendrin

Das Ringen um Gerechtigkeit ist nicht einfach. Dazu braucht es Ausdauer, Selbstbewusstsein und Unerschrockenheit, denn der Weg zum Recht, oder zumindest durch die Instanzen, ist meist ein langer und schwieriger. Er erfordert Zeit und Geduld und birgt außer Erfolgserlebnissen vielerlei Enttäuschungen in sich. Wem der Einsatz für das Recht und die Abwehr des Unrechts keine intrinsisch motivierten, originären Anliegen und

Anlagen sind, der wird auf die Dauer weder die Energie dafür aufbringen noch die fest gebuchten Enttäuschungen verwinden können. Selbst bei guter Honorierung nicht, die keineswegs die Regel ist.

Notwendig ist ein innerer Antrieb, sich für das Recht, für die Gerechtigkeit und für den Erhalt eines freiheitlichen Gemeinwesens zu engagieren – bei allen politischen Unterschieden, auf welchem Wege dies am besten geschehen soll. Dieser Antrieb muss, neben der Freude an erkämpfter Verwirklichung eines Rechts, dem Verstand entspringen, nicht einer Emotion. Denn „das Recht" basiert auf dem Produkt des Intellekts, nicht irgendeines Gefühls Einzelner. Die Durchsetzung einzelner Interessen stehen sowieso nicht im Mittelpunkt, sondern der Ausgleich verschiedener Interessen. Damit wären wir bei der Vernunft. Bei der Ausbalancierung der an den Juristen gerichteten Erwartungen, egal ob Anwalt oder Richter, der häufig Illusionen zugrunde liegen, und der Realität, die einen kühlen Kopf verlangt, um die Möglichkeiten und Grenzen der an ihn gerichteten Interessen zu analysieren. Am Ende dieses erfolgreichen Balanceakts steht das Judiz. Etwas, was nie und nimmer vor Aufnahme des Studiums vorhanden ist, aber vermutlich bis zum Lebensende wächst – hin und wieder Rückschläge hinnehmend und ebenfalls austarierend.

Das gilt auch für das Ansehen in der Gesellschaft – es ist nicht per se da – es muss mühsam erworben werden. Ebenso wie die wirtschaftliche Unabhängigkeit bspw. im Anwaltsberuf. Als freier Beruf, der in einem freien Wettbewerb stattfindet, stellt er gerade Berufsanfänger vor große Herausforderungen, die es über Jahre zu bestehen gilt. Das ist für Selbstständige aller Couleur im Aufbau nicht ungewöhnlich, doch haben wir hier den Unterschied, der schon angesprochenen öffentlichen verzerrten Wahrnehmung: Ein Jurist verdient Knete, und zwar ordentlich – mit dem Leid anderer. Ob das wiederum neben dem eigenen leidenden Selbstbild zusätzlichen Druck aufbaut, solange dies noch nicht so ist, liegt an der jeweiligen Persönlichkeit. Doch wirkt dieses allgemeine Spannungsfeld immer – irgendwie. „Der Bürger erwartet Gerechtigkeit, und der Jurist kann nur „Recht" geben." (Preis S. 22) Schwierig.

## Weiche Kompetenzen in hartem Umfeld

In allen juristischen Berufsfeldern brauch(t)en wir also gebildete, sensible, aufmerksame und resiliente Menschen mit einer schnellen Auffassungsgabe. Hilft diese Einsicht (über die theoretisch charakterisierten Juristen aus dem Wachsfigurenkabinett) bereits gegen Stress? Nein. Doch half es mir bei der Konzeptentwicklung dieses Buches. Nun kenne ich meine Zielgruppe, und damit Sie, mein lieber Leser, noch besser. Nicht nur aus dem Leben, sondern auch unter meinem theoretischen Brennglas. Und Sie habe ich vielleicht an der ein oder anderen Stelle daran erinnert, dass an Sie enorme Ansprüche gestellt werden. Im täglichen beruflichen agilen Umfeld, aber auch von der gesellschaftlichen Dunstglocke, die das für sich vielleicht nicht so trennscharf analysiert hat, aber doch „irgendwie spürt" … und entsprechend adressiert.

## Fazit

Es versteht sich von selbst, dass ein Richter, Staatsanwalt, Verwaltungs- oder Unternehmensjurist und Rechtsanwalt unterschiedliche Fähigkeiten benötigen, um ihr Ziel zu erreichen. Während sich Juristen im Staatsdienst nicht mit serviceorientierter Kundenbetreuung und der Neuakquisition von Mandanten beschäftigen müssen, können sie sich jedoch auch nicht über ein zu geringes Arbeitsaufkommen und zu wenig Zeitdruck beklagen. Die Ausprägung und Wertigkeit der einzelnen

Schlüsselqualifikationen sind je nach beruflichem Werdegang definitiv anders. Doch gibt es einige Basisqualifikationen, die bei jedem vorhanden sein sollten, denn sowohl Anwälte, Staatsanwälte, Richter als auch Verwaltungsbeamte brauchen ein Gespür sowohl für das Recht als auch für die Menschen, mit denen und für die sie um das Recht ringen, welches selten so stringent ist, dass es keine Gestaltungsfaktoren zuließe; was eine enorme Verantwortung für die Erfassung von Problemen und die darauf fußenden Schlussfolgerungen sowie die Entwicklung von Lösungsmöglichkeiten abverlangt. Gut dafür: eine strategisch geordnete, ökonomische Denke, eine hohe Einsatzbereitschaft, Kommunikations- und Konfliktfähigkeit, Eigenverantwortung.

Kurzum: brillante Expertise, eine Hingabe für den Beruf und eine hohe emotionale Kompetenz. Ach ja, und hervorragende Selbststeuerungsfähigkeiten.

Und womit fängt jede juristische berufliche Karriere an? Mit den Examina. In denen der Kandidat zeigen soll, dass er in einer Stresssituation und unter Zeitdruck einen juristischen Fall einer brauchbaren Lösung zuführen kann. Eine Art Stresstest also, der zumindest formell ziemlich viel mit den Anforderungen der juristischen Praxis zu tun hat, also wenigstens diesbezüglich realistische Anforderungen stellt.

## Literatur

Preis, U. Es gibt Juristen und normale Menschen. Institut für Deutsches und Europäisches Arbeits- und Sozialrecht der Universität zu Köln. https://docplayer.org/83245736-Es-gibt-juristen-und-normale-menschen.html. Zugegriffen: 3. Apr. 2019

Schlüsselqualifikationen sind je nach beruflichem Werdegang definitiv anders. Doch gibt es einige Basisqualifikationen, die bei jedem vorhanden sein sollten, denn sowohl Anwälte, Staatsanwälte, Richter als auch Verwaltungsbeamte brauchen ein Gespür sowohl für das Recht als auch für die Menschen, mit denen und für die sie um das Recht ringen, welches selten so stringent ist, dass es keine Gestaltungsfaktoren zuließe; was eine enorme Verantwortung für die Erfassung von Problemen und die darauf fußenden Schlussfolgerungen sowie die Entwicklung von Lösungsmöglichkeiten abverlangt. Gut dafür: eine strategisch geordnete, ökonomische Denke, eine hohe Einsatzbereitschaft, Kommunikations- und Konfliktfähigkeit, Eigenverantwortung.

Kurzum: brillante Expertise, eine Hingabe für den Beruf und eine hohe emotionale Kompetenz. Ach ja, und hervorragende Selbststeuerungsfähigkeiten.

Und womit fängt jede juristische berufliche Karriere an? Mit den Examina. In denen der Kandidat zeigen soll, dass er in einer Stresssituation und unter Zeitdruck einen juristischen Fall einer brauchbaren Lösung zuführen kann. Eine Art Stresstest also, der zumindest formell ziemlich viel mit den Anforderungen der juristischen Praxis zu tun hat, also wenigstens diesbezüglich realistische Anforderungen stellt.

## Literatur

Preis, U. Es gibt Juristen und normale Menschen. Institut für Deutsches und Europäisches Arbeits- und Sozialrecht der Universität zu Köln. https://docplayer.org/83245736-Es-gibt-juristen-und-normale-menschen.html. Zugegriffen: 3. Apr. 2019

# 4

# Der Stress: Wie entsteht Stress?

Du kannst nicht verhindern, dass Vögel der Besorgnis über
deinen Kopf fliegen. Aber du kannst verhindern, dass sie in
deinem Kopf ein Nest bauen.
Chinesische Weisheit

Stress ist ein besonderes Phänomen, dem meist so ver-
flixt Unrecht getan wird, dass ich hier mal zunächst eine
Lanze für ihn brechen will. Nicht mit der Allerweltsfor-
mel, dass er uns evolutionär geschenkt wurde, um Leben
und damit unsere Arterhaltung zu retten. Nein, das wissen
Sie längst – hilft Ihnen aber weder im täglichen Dschun-
gelkrieg gegen den Säbelzahntiger Aktenberge noch das
Mammut Termindruck. Es geht um die andere, neuere
Formel, dass Sie ihm mitnichten hilflos ausgeliefert sind.
Denn Stress ist ein kognitives Phänomen, das weniger von
der objektiven Situation bestimmt wird als von Ihrer subjektiven Bewertung. Sollten Sie speziell von dieser Weisheit noch nichts gehört haben, so freut es mich, dieses nun

© Springer Fachmedien Wiesbaden GmbH, ein Teil von Springer
Nature 2019
S. S. Klief, *Der Anti-Stress-Trainer für Juristen,* Anti-Stress-Trainer,
https://doi.org/10.1007/978-3-658-15957-3_4

neu erworbene Wissen mit Ihnen auf den nächsten Seiten zu intensivieren. Und wenn doch – dann auch.

## Innere Haltung zu Stress wirkt nach außen

Im Grunde ist es doch ganz einfach: Wenn Stress grundsätzlich negativ wäre und toxisch wirkte, so wie das Kauen von Kirschlorbeer beispielsweise, dann gehörte er genauso grundsätzlich ausgerupft, vermieden, reduziert, wegverwaltet, unterdrückt. Aber was, wenn Stress sogar positiv wirkte? Im Sinne von hilfreich? Eine gute Sache? Dann wäre es doch ein ganz guter Weg, ihn anzunehmen und zu benutzen. Leider lässt sich diese Frage nicht allgemeingültig beantworten. Stress ist weder nur das eine noch einzig und alleine das andere. Wenn aber Dutzende von Studien belegen (siehe eine Auswahl im Literaturverzeichnis), dass die Einstellung, die Sie vertreten, eine große Rolle dabei spielt, wie sich Stress auf Ihr Leben und damit auf Sie selbst auswirkt, geht es gar nicht mehr darum, diese Frage generalisiert zu beantworten. Dann lassen wir die ewig Gestrigen doch ruhig kanalisiert weiterstreiten, im Kampf um mediale Aufmerksamkeitspunkte, und richten unseren Fokus auf die Realität.

So haben die Forscher herausgefunden, dass Menschen, die eine negative Wahrnehmung von Stress haben und der Meinung sind, dass er unbedingt vermieden werden sollte, mit größerer Wahrscheinlichkeit das erleben, was wir normalerweise als negative Folgen von Stress ansehen. Was sich für mich anhört wie self-fulfilling prophecy. Allerdings der bittersten Sorte, denn dieses „Recht haben" wirkt sich gallig auf das Wohlbefinden aus: gesundheitliche Probleme wie Rückenschmerzen, Kopfschmerzen und andere Erkrankungen werden statistisch wahrscheinlicher. Diese Menschen sind eher depressiv, bei der Arbeit weniger produktiv und verrichten sie grundsätzlich weniger gern. Sie sind davon überzeugt, ihr Risiko für stressbedingten Herzinfarkt oder Mortalität tatsächlich zu erhöhen.

Auf der anderen Seite sind da die Menschen, die den Stress als solchen akzeptieren und ihn positiv sehen. Sie scheinen vor den oben gelisteten Ausschlägen geschützt zu sein, selbst wenn ihr Leben stressig ist. Sie sind gesünder und glücklicher. Sie sehen in ihren Anstrengungen einen Sinn und bei der Arbeit geht es ihnen entsprechend besser.

Die gute Nachricht lautet also: Weil Stress und Aufregung unweigerlich zum Leben gehören, ist es wichtig, sich im Leben vor allem jenen Aufgaben zu widmen, die bedeutsam sind und darauf zu vertrauen (und natürlich entsprechende Ressourcen zu trainieren), dass man den Stress bewältigen kann.

Dennoch: Chronischer Stress schadet. Besonders schädlich ist er, das weiß die Stressforschung mittlerweile auch, wenn er gegen den eigenen Willen zu geschehen scheint, außerhalb eigener Kontrolle liegt oder kein Sinn in ihm zu finden ist. Gelingt es, auch nur einen dieser Faktoren selbstwirksam zu ändern, so wandelt sich die Schädlichkeit bereits (McGonigal 2018).

Die Wirkung von Stressfaktoren hängt dabei von verschiedenen Faktoren ab, die auch noch miteinander interagieren. Nachfolgend habe ich die wichtigsten beruflichen Stressoren aufgelistet, auch wenn Sie sie nach dem Lesen eigentlich fast alle direkt wieder vergessen können. Denn für mein Anliegen, mit Ihrer Persönlichkeitsentwicklung ganz weit vor stressinduzierten Situationen zu beginnen, um sich dieser Art Stressoren selbstbestimmt gar nicht mehr auszuliefern, spielen sie fast alle keine Rolle. Bis auf den letzten Punkt, dem ich dann aber auch die entsprechende Aufmerksamkeit gebe.

## 4.1  Die Stressoren

Grundsätzlich sind für das Stressempfinden einige Aspekte maßgeblich, die quasi über allen spezifischen Stressoren schweben: Unsicherheit, mangelnde Vorhersehbarkeit und fehlendes Kontrollempfinden. Je weniger jemand über eine potenziell stressinduzierte Situation weiß und je weniger Kontroll- und Problemlösungsmöglichkeiten er sich gegenübersieht, desto höher ist die empfundene Stressbelastung (Uexküll et al. 2018, S. 194). Ansonsten ist es zwar nicht so, dass der Stress an jeder Stelle auf der Lauer liegt. Wie wir wissen, sind Säbelzahntiger und Mammut nur noch Teil einer Zeichentrickreihe im Kino. Doch gibt es einige zentrale Einfalltore für ihn, die er nur zu gerne nutzt.

**Arbeitsüberlastung**

Arbeitsüberlastung umfasst Anforderungen im Beruf, in der Familie und in der Freizeit gleichermaßen. Zu viele zu erfüllende Leistungsanforderungen führen zu dem Gefühl übermäßiger Beanspruchung, wenn die Fülle der Aufgaben mit Zeitdruck verbunden ist. Die Belastung steigt entsprechend, wenn die Fachkompetenz nicht ausreicht. Dann spricht man von spezifischer Arbeitsüberforderung.

**Erfolgsdruck**

Erfolgsdruck entsteht durch einen hohen Stellenwert des „richtigen, sozialen" Verhaltens innerhalb des Umfeldes. Erfolgsdruck kann durch die Angst vor negativen Konsequenzen bei Nichtbewältigung von Anforderungen, wie Zurückweisung oder Verlust von persönlichem Ansehen, verstärkt werden.

**Leistungs- und Perfektionsstreben**

Ein hohes Leistungs- und Perfektionsstreben kann dazu beitragen, dass die Bedürfnisse nach Freizeit unterdrückt werden. Als Hauptmotivation dahinter gilt das Bedürfnis nach Anerkennung und Wertschätzung. Die große Bedeutung dessen, wie andere Menschen einen selbst wahrnehmen, führt zu der Erbringung eines hohen und möglichst perfekten Leistungsniveaus, um diese Anerkennung zu erlangen.

### Arbeitsunzufriedenheit

Aufgaben zu erledigen, gegen die eine innere Abneigung besteht, macht unzufrieden, ganz egal, ob dies aus mangelnder Eigenmotivation, Unter- oder Überforderung, Monotonie oder anderen Widerständen herrührt.

### Chronische Besorgnis

Dies ist eine internale Stressquelle von Menschen, die sich dem negativen Katastrophisieren verschrieben haben. Sich mögliche negative Effekte auszumalen, geht eng mit einem Gefühl der Unsicherheit einher. Beobachtungen mit gewisser Blickrichtung und ihre entsprechenden Deutungen kündigen das drohende Unheil an, ohne einer optimistischen Endversion überhaupt eine Chance zu geben. Ob diese Befürchtungen grundlos sind oder nicht, ist dabei irrelevant, denn das grundsätzliche Gefühl der Unsicherheit tangiert sowieso alles weitere und tunkt es in eine gestresste Sauce. Die dahinterliegenden Ursachen für den Dramamodus zu ergründen, ist das einzig Sinnvolle (6.1.3 a. Introvision), um diesem Kreislauf zu entrinnen.

### Berufliche Gratifikationskrisen

Das Effort-Reward-Imbalance-Model (ERI-Modell) (Siegrist 1996) beschäftigt sich mit beruflichen Gratifikationskrisen in Form von Ungleichgewichten, die Stress verursachen und in Folge davon gesundheitsgefährdend sind. Es wird mit verstärktem Arbeitseinsatz reagiert, was das Stresserleben weiter verstärkt. Unter Gratifikationen sind eine angemessene

Höhe der Bezahlung, beruflicher Aufstieg, Arbeitsplatzsicherheit, Anerkennung und Wertschätzung zu verstehen. Wird das Verhältnis von Anstrengung und Belohnung hingegen als angemessen wahrgenommen, hat dies positive Emotionen, Wohlbefinden und Gesundheit zur Folge. Berufliche Stressoren können entsprechend besser bewältigt werden, wenn die belastenden Aspekte als Bestandteil einer insgesamt befriedigenden Tätigkeit erlebt und die Belastungen durch positive andere Aspekte ausgeglichen werden können.

Das wahrgenommene Ungleichgewicht zwischen Anstrengung und Gratifikation kann aufgrund verschiedener Bedingungen entstehen und beibehalten werden:

- Abhängigkeit
- Es steht kein alternativer Arbeitsplatz zur Verfügung, sodass der bestehende Arbeitsplatz einer Arbeitslosigkeit vorgezogen wird.
- Strategische Entscheidung
- Das Ungleichgewicht wird vorübergehend akzeptiert, um Karrierechancen zu verbessern.
- Übersteigerte Verausgabungsneigung
- Man zeigt eine übermäßige Leistungsbereitschaft, wodurch die erbrachte Leistung die erhaltenen Gratifikationen übersteigt.

(Ulich und Wülser 2017)

**Arbeitszentrierung**
Im Idealfall befinden sich Arbeit und Privatleben in Balance. Die Arbeit ist ein wichtiger Bestandteil des Lebens und wird so gestaltet, dass genügend Zeit und Energie für ein erfülltes Privatleben bleibt. Das Arbeitsumfeld wird entsprechend der Bedürfnisse auch im Hinblick auf die privaten Lebensziele gesucht. Auch die Arbeit als

solche kennt keine Entgrenzung, aber sehr wohl positiv erlebte Beziehungen. Sowohl im Arbeitsleben wie auch in der Freizeit werden Ressourcen erlebt und genutzt.

Arbeitszentrierung bei noch vorhandenem Privatleben: Hier spielt die Arbeit eine zentrale Rolle im Leben und Arbeit und Privatleben gehen teilweise sogar ineinander über. Für Freizeitgestaltung findet sich kaum Zeit und Kraft. Es ergeben sich Zielkonflikte, und die Verteilung der Lebenssphären wird häufig als unbefriedigend erlebt. Wenn sie sich aufgrund von Rahmenbedingungen am Arbeitsplatz entwickelt hat, könnte ein Arbeitsplatzwechsel ausreichend sein, um wieder zu psychischer Stabilität zu gelangen.

Extreme Arbeitszentrierung: ist brandgefährlich.

# 4.2   Der Workaholic

Wenn die Grundtonnotation des Buches sich auch bemüht, einen positiven Umgang mit dem Thema Stress zu finden, dann sei an dieser Stelle ganz deutlich gesagt: Selbstverständlich sind nicht alle Stressfolgen hausgemacht! Fraglos gibt es viele ernstzunehmende Erkrankungen, die auf Stress basieren und die einen Menschen ins Unglück stürzen können. Diese Menschen gehören in fachkundige ärztliche Hände und behandelt. Und es gibt die Süchtigen.

**Arbeiten, um nicht zu fühlen – wenn die Arbeit zur Droge wird**
Kennen auch Sie jemanden, ohne dessen Anwesenheit im Büro nichts läuft? Für den Überstunden selbstverständlich sind, der sich trotzdem noch Arbeit mit nach Hause nimmt und Wochenenden nur vom Hörensagen kennt? Erfolgreiche Menschen, sagen die einen, Workaholics die anderen. Der Begriff „Workaholic" beschreibt Menschen, bei denen

ohne Arbeit gar nichts mehr geht. Die Betroffenen zeigen alle Anzeichen einer Sucht und verhalten sich ähnlich wie Alkoholabhängige: Sie brauchen ihren Stoff – ihre Arbeit. Für einen Arbeitssüchtigen ist nichts schlimmer, als wenig Arbeit zu haben. Er wird immer dafür sorgen, dass genug davon da ist. Arbeit wird versteckt, in Reserve gehalten. Wie beim Alkoholiker wird die „Dosis" weiter erhöht, und die Abstände werden immer kleiner.

Arbeitssucht betrifft längst nicht mehr nur Selbstständige und Manager, sondern sie wird zunehmend zum Massenphänomen. Konkrete Zahlen kennt niemand. Die Dunkelziffer ist sehr hoch, denn hart arbeitende Menschen werden bewundert, und wer bezeichnet schon Erfolg als eine Krankheit? Aber was ist mit den Menschen, die einfach gerne viel arbeiten und darin eine gewisse Erfüllung sehen? Ist dies nicht sogar wünschenswert? Ab wann verschiebt sich die Grenze vom leistungsorientierten und ehrgeizigen Engagement für die Arbeit hin zu einem Suchtphänomen? Kurz gesagt: Wenn der Druck, immer perfekter zu werden, stetig größer und letztlich zwanghaft wird. Dabei misst sich Arbeitssucht nicht nur daran, was und wie viel der Betroffene tut, sondern gerade auch daran, was er nicht tut. Der gesunde Mensch richtet seine Interessen verschieden aus. Er unterhält neben der Arbeit soziale Kontakte und hat Hobbys. Der Arbeitssüchtige dagegen hat nur einen einzigen, wahren Lebensinhalt: seine Arbeit. Das heißt, der Schlüssel zum Verständnis des Phänomens Arbeitssucht liegt in der Einstellung der jeweiligen Person zur Arbeit. Dabei darf der ihr eingeräumte Stellenwert ruhig hoch sein, solange dies nicht zum alles bestimmenden Element wird. Wer seine Daseinsberechtigung allein über das Engagement im Job ableitet und/oder wer die Arbeit als Abwehrmechanismus nutzt, um zwischenmenschlichen Kontakten/Konflikten aus dem Weg zu gehen, der ist krankhaft suchtgefährdet.

Die Ursachen der Arbeitssucht sind vielfältig. Jede Suchtgeschichte ist anders. Die Wurzeln können in Schlüsselerlebnissen der Kindheit liegen: Das Kind bekam keine Aufmerksamkeit, seine Erfolge wurden nicht bewundert. Die Eltern waren vielleicht selbst ständig überarbeitet. Zuwendung hing ab von der erbrachten Leistung. Nichtarbeiten wurde in der Kindheit bestraft. Viele Arbeitssüchtige werden von Selbstzweifeln geplagt und suchen nach Anerkennung. Ihre Arbeitsleistung mag der unbewusste Versuch sein, es den Eltern immer noch recht machen zu wollen. Oder auch, es einem besonders tüchtigen Elternteil gleich zu tun, denn der Arbeitssüchtige möchte bewundert werden.

Zumal es seit gut einem Jahrhundert generell eines der wichtigsten Erziehungsziele ist, Geld und Geltung aus der eigenen Arbeit zu ziehen. In unserer Leistungsgesellschaft gehören Fleiß, Tüchtigkeit und die Bereitschaft, persönliche Belange zurückzustellen, immer noch als höchste Tugenden. Sie führen zu Anerkennung und Erfolg. So steht am Beginn vielleicht eine Berufstätigkeit, die besonders viel Spaß macht. Die Arbeit macht Sinn und gibt das Gefühl, wichtig zu sein und gebraucht zu werden. Irgendwann stellt sich bei der Arbeit ein Hochgefühl ein. Und problematisch wird es dann, wenn nach jedem Erfolgserlebnis der Schwierigkeitsgrad und der Umfang der nächsten Aufgabe erhöht wird, um dadurch Befriedigung zu erlangen. Letztlich übernimmt die Arbeit für viele Menschen nicht mehr die Funktion einer Existenzbasis, sondern hilft scheinbar über Konflikte in der Partnerschaft oder der Familie hinweg.

Die Folgen der Arbeitssucht sind enorm: In der Regel werden das gesamte Umfeld, die sozialen Beziehungen, das

Freizeitverhalten um die Arbeit herum organisiert. Arbeitssucht ist einer der Hauptgründe für partnerschaftliche und
familiäre Zerrüttungen, denn der Rhythmus von Arbeit
und Privatem geht irgendwann völlig verloren: Freunde,
der Partner, die Familie werden erst „nur" vernachlässigt,
doch allmählich schwindet die persönliche Verantwortung und damit sogar die Fähigkeit zu menschlicher Nähe.
Bedürfnisse von anderen werden nicht mehr erkannt. Der
Arbeitssüchtige empfindet Verachtung für diejenigen, die
ihren Hobbys nachgehen. Irgendwann hört er gar nicht
mehr auf zu arbeiten, arbeitet wie im Rausch. Arbeit wird
gehortet. Ist einmal kein Termindruck da, fühlt er sich
überflüssig. Es ängstigt ihn, sich einfach nur entspannt
dem Nichtstun hinzugeben, aus Furcht vor der inneren
Leere. Um sich doch ein gewisses Maß an Entspannung
zu verschaffen, greift er zu Alkohol oder Medikamen-
ten. Wenn zusätzliche Abend-, Nacht- sowie Sonntagsar-
beit hinzukommen, sind drei bis fünf Stunden Schlaf die
Regel. Manche kommen sogar tagelang ohne Schlaf aus
und halten sich nur mit Aufputschmitteln wach. Hinzu
kommen dann seelische Störungen und körperliche Ver-
schleißerscheinungen wie Hörsturz, Bluthochdruck,
Magengeschwüre oder -durchbrüche, Depressionen bis
hin zum Herzinfarkt oder Hirnschlag. Selbst im Kranken-
haus fangen Arbeitssüchtige schon wieder an zu arbeiten.

Arbeitssucht ist eine Krankheit, auch wenn sie offizi-
ell nicht als eine solche anerkannt ist. Professionelle Hilfe
findet der Süchtige bei Therapeuten, in Suchtberatungen
oder in Selbsthilfegruppen. Parallel zu den Anonymen
Alkoholikern haben sich in einigen Städten Selbsthilfegruppen von Anonymen Arbeitssüchtigen gebildet. Die
Behandlung der Arbeitssucht gestaltet sich schwierig, denn
bei nichtstofflichen Süchten ist es ganz besonders schwer,
auf das Suchtmittel zu verzichten. Anders als beim Alko-
holismus, wo man lernen kann, das erste Glas stehen zu

lassen, kann man nicht ein Leben lang ohne Arbeit leben. Das Lernziel einer Therapie muss also langfristiger darauf angelegt werden, dass der Süchtige auch ohne übermäßige Arbeitsleistung etwas wert ist.

Noch nicht abschließend geklärt ist bis heute, ob eine manifeste Arbeitssucht zu einem Burnoutsyndrom führen kann. Es könnte eine mögliche Folge arbeitssüchtigen Verhaltens sein, wenn ein Verbrauch physischer und psychischer Ressourcen nach einer Phase intensiver Anstrengung und Bemühung erfolgt ist und mit Erschöpfung und Depersonalisation einhergeht. Aber auch, wenn man Arbeitssucht und Burnout als unabhängig voneinander stehende Varianten der Störung des Wohlbefindens bei der Arbeit ansieht – bleibt sie was sie ist: ungesund und gefährlich.

## 4.3 Das individuelle Gefährdungspotenzial

Dies ist nicht nur von dem Arbeitsumfeld und den Stressoren abhängig, denen Sie ausgesetzt sind, sondern kommt sehr stark auf Ihren Persönlichkeitstypus an. Den zu kennen, eliminiert noch keinen Stress, trotzdem kann es sinnvoll sein, diesem mal nachzuforschen. Das AVEM (Arbeitsbezogenes Verhaltens- und Erlebensmuster) ist dafür ein gutes Mittel. Das Verfahren erlaubt Aussagen über gesundheitsförderliche bzw. -gefährdende Verhaltens- und Erlebensweisen bei der Bewältigung von Arbeits- und Berufsanforderungen. Damit bietet es sich für die Früherkennung gesundheitlicher Risiken an (Schaarschmidt und Fischer 2008). Es umfasst einen Fragebogen, der subjektives Verhalten und Erleben in Bezug auf Arbeit und Beruf misst. Per Selbsteinschätzung werden 66 Items auf einer 5-stufigen Einschätzung (trifft zu bis trifft nicht zu) bearbeitet, aus denen sich mittels Faktorenanalyse 11 Primär- und drei Sekundärfaktoren extrahieren lassen.

Es werden Dinge abgefragt wie beruflicher Ehrgeiz und erlebte Berufskompetenz, die Distanzierungsfähigkeit zur Arbeit und die erlebte soziale, familiäre Unterstützung in Bezug auf die Arbeit. So ist es möglich, Sie einer von vier Klassifikationen, die gesundheitsförderliche oder gesundheitsbeeinträchtigende Verhaltens- und Erlebensweisen in Bezug auf Arbeit beschreiben, zuzuordnen, die sicher nur ein grobes Schema ab- und doch eine Richtschnur vorgeben (Schaarschmidt 2006a).

1. **Der G-Typ** (G wie Gesund) zeichnet sich durch eine hohe Lebenszufriedenheit und hohen beruflichen Erfolg aus. Dieser Typus ist beruflich engagiert und ambitioniert und besitzt aktive Problembewältigungsstrategien. Dabei ist er mit einem gesunden Perfektionsstreben ausgestattet und stets in der Lage, von der Arbeit auch abzuschalten (Gute Work-Life-Balance).

2. **Der S-Typ** (S wie Schonung) besitzt nur wenig beruflichen Ehrgeiz und sein Perfektionsstreben ist gering. Er zeichnet sich durch eine gute Fähigkeit zur Wahrung von Distanz sowie zur Trennung von Beruf und Arbeit aus. Dennoch fehlt ihm häufig die Energie, ungünstige Arbeitsbedingungen zu verändern oder mit Leidenschaft etwas voranzutreiben. Dabei fühlt sich dieser Typus innerlich ruhig und ausgeglichen und hat eine vergleichsweise hohe Lebenszufriedenheit, die er aber vor allem aus dem Privatleben schöpft.

3. **Der Risiko-Typ A** (A wie Anstrengung) ist gekennzeichnet von ständiger Überforderung bei der Arbeit und somit besonders gefährdet, in einen Burnoutprozess zu geraten. Dieser Typus besitzt eine hohe Verausgabungsbereitschaft, hohes Perfektionsstreben und eine geringe Distanzierungsfähigkeit. Zudem erlebt er wenig soziale

Unterstützung von außen und kann schlecht abschalten oder entspannen. Die Bedeutsamkeit seiner Arbeit wird von diesem Typus meist überschätzt.

4. **Der Risiko-Typ B** (B wie Burnout) weist bereits starke Erschöpfungssymptome auf. Der Betroffene verspürt eine hohe Resignation bei der Arbeit. Seine Lebenszufriedenheit ist gering und seine Erfolgserlebnisse im Beruf sind eingeschränkt. Dieser Typus besitzt nur wenige Bewältigungsstrategien bei aufkommenden Problemen und erlebt, ähnlich wie Typus A, wenig bis gar keine soziale Unterstützung. Das Bild ist vor allem durch Resignation, Erschöpfungserleben, herabgesetzte Widerstandskraft, Unzufriedenheit und weitere negative Emotionen bestimmt.

(Schaarschmidt und Fischer 2008)

Unter diesen Links können Sie sich weiter über diesen Test informieren:

https://www.schuhfried.at/test/AVEM

https://www.testzentrale.de/shop/arbeitsbezogenes-verhaltens-und-erlebensmuster.html

## 4.3.1 Die Wissenschaft hat festgestellt

… dass psychische Beanspruchungen nicht ausschließlich beeinträchtigend wirken. Sind genügend Ressourcen vorhanden, um die Belastungen zu bewältigen, wirkt die Inanspruchnahme sogar aktivierend und hat somit einen positiven Effekt auf die Person (Ulich und Wülser 2017).

Womit wir bei den Ressourcen wären und beim Coping. Also fast. Denn natürlich ist man sich auch in dieser sogenannten Wissenschaft nicht so ganz einig. Ich werde nachfolgende Modelle nicht diskutieren, um mich argumentativ für eines zu entscheiden – ich schreibe ja hier kein Gutachten –, sondern sie Ihnen nur ganz kurz anteasern.

## Stress ist lästig

Während Stress umgangssprachlich relativ einheitlich verwendet wird, gibt es in der Wissenschaft eine große Heterogenität hinsichtlich der Begriffsbestimmung. Stress ist jedoch eines ganz gewiss: unangenehm. Und vor allem subjektiv. Es handelt sich um ein angespanntes Gefühl, das aus der Befürchtung ent- oder besteht, dass eine Situation nicht mehr vollständig kontrollierbar ist. Die empfundene Belastung und deren Handhabe scheint mithilfe eigener Ressourcen nicht mehr zu bewältigen. Soweit – so deckungsgleich. Doch jetzt spalten sich die Meinungen: Es gibt den reizorientierten Ansatz, der aus den Umweltwissenschaften stammt, den reaktionsorientierten Ansatz, der einer biologischen Tradition entstammt und den transaktionalen Ansatz, der seinen Ursprung in der psychologischen Stressforschung findet.

## Stress als unabhängige Reizvariable

Hier wird Stress als ein situatives Phänomen angesehen, wobei er dann im Sinne einer unabhängigen Variablen über bestimmte Reiz-, Situations-, Bedingungs-, Ereignis- oder Umweltmerkmale operationalisiert wird. Die Anzahl an bestimmten Lebensereignissen (z. B. schwere Erkrankung, Tod einer nahestehenden Person, ein Unfall) quantifizieren den Stress und daraus resultiert die Entwicklung von Krankheiten.

## Stress als abhängige Reaktionsvariable

Stress gilt als abhängige Variable, der durch bestimmte Ereignisse ausgelöst wird. Die Stressreaktion ist erkennbar anhand bestimmter physiologischer, psychischer oder behavioristischer Störungs- und Anpassungsreaktionen. Die Physiologie reagiert mit einem universellen Abwehrmechanismus, der die biologische Integrität des Organismus eigentlich schützen soll. Hormone werden vermehrt ausgeschüttet, um für eine Reaktion auf den Stressor gewappnet zu sein. In der sich daran anschließenden Widerstandsphase zeigt der Organismus gegensätzliche Reaktionen, um die Gleichgewichtslage wiederherzustellen. Dauert die stressauslösende Situation an, folgt die Erschöpfungsphase, die durch den Zusammenbruch des Widerstandes und – im Extremfall – des Menschen gekennzeichnet sein kann.

**Stress als relative Variable**
Die sogenannten Beziehungskonzeptionen verstehen Stress als Ergebnis komplexer, subjektiver Einschätzungsprozesse in Hinblick auf die jeweilige Situation, auf eigene Ziele und Handlungsalternativen. Stress entsteht dann, wenn sich eine Diskrepanz zwischen Fähigkeiten und Anforderungen oder zwischen Bedürfnissen und Befriedigungsmöglichkeiten ergibt. Im Zentrum der relationalen Stresskonzeptionen steht immer eine Analyse der Wechselbeziehung zwischen Person und Umwelt, die auf psychologischen Variablen beruht.

Diese transaktionale Sichtweise von Stress liegt auch der prominenten und einflussreichen Stresstheorie von Lazarus (Lazarus und Launier 1981) zugrunde:

**Das transaktionale Stressmodell**
Hier steht bei einer Stresssituation die Wechselwirkung zwischen den Anforderungen einer Situation und dem betroffenen Individuum im Mittelpunkt, wobei die kognitive Verarbeitung durch die Person zentral ist. Diese ist abhängig von der individuellen Bewertung, inwieweit eine Situation oder ein Stressor als stresshaft eingeschätzt wird oder nicht. Nach dem Modell werden drei Bewertungsstufen unterschieden:

**1. Phase** Bei der **primären Bewertung** werden Situationen als positiv, irrelevant oder potenziell gefährlich, also als Stress auslösend eingeschätzt. Trifft der letzte Aspekt zu, gibt es die Möglichkeit, die Situation als Herausforderung, als Bedrohung oder als Schädigung bzw. Verlust anzusehen.

**2. Phase** Bei der **sekundären Bewertung** wird überprüft, ob die zur Verfügung stehenden Ressourcen zur Bewältigung des Problems hilfreich sind. Bei nicht ausreichenden Ressourcen wird eine Stressreaktion ausgelöst. Die Bezeichnung „primär" und „sekundär" haben nichts mit einer zeitlichen Abfolge zu tun, sondern dienen lediglich der Unterscheidung zwischen zwei inhaltlich verschiedenen Bewertungsschritten, die zumeist simultan erfolgen.

Der bewältigende Umgang mit einer schwierigen Situation wird **Coping** genannt, wobei die angewandte Bewältigungsstrategie von der Situation, der Persönlichkeit und der Denkstruktur des Betroffenen, also von seinen Ressourcen abhängt. Über Rückmeldung von Erfolg und Misserfolg wird der gezielte Einsatz von Copingstrategien erlernt.

Dabei unterscheidet Lazarus das problemorientierte und emotionale Coping:

Beim **problemorientierten Coping** versucht die Person, auf Reizebene Lösungsstrategien zu entwerfen, um das Problem durch situationsbezogenes Handeln aktiv zu bewältigen: sich anzupassen oder es zu überwinden. Zur Entwicklung einer Bewältigungsstrategie werden hierbei Informationen eingeholt und soziale Unterstützung aus dem persönlichen Umfeld in Anspruch genommen.

Das **emotionale Coping** ist von dem Bestreben gekennzeichnet, mit den durch das Problem hervorgerufenen negativen Gefühlen wie Angst, Hilflosigkeit oder Ausgeliefertsein in der weiterhin bestehenden Problemsituation umzugehen. Es werden Strategien der kognitiven Umstrukturierung, Distanzierung und dem Ausdrücken von Gefühlen angewandt.

**3. Phase** Durch die neuen Erfahrungen mit den verwendeten Bewältigungsstrategien kommt es mittels des **bewertungsorientierten Coping** zu einer Neubewertung der Situation. In Kombination mit den Strategien aus dem problemorientierten Coping werden die Bedrohungen im besten Falle nun als Herausforderungen erlebt. Also eine völlig andere Sichtweise, die den Blick weitet auf Ressourcen, die dabei helfen, angemessen zu reagieren. Schafft dies die unter Stress stehende Person, hat sie einen enormen Schritt nach vorne getan, um für neue Stressanforderungen gerüstet zu sein.

Lazarus veränderte im Laufe von vielen Jahren Forschung den Fokus seines Modells und konzentrierte sich Ende der 90er-Jahre mehr auf die Emotionen als übergeordnete Klasse psychologischer Phänomene. Er subsumierte Stress gewissermaßen darunter, statt ihn wie üblich als eigenständiges psychologisches Phänomen anzusehen. Emotionen wie Eifersucht, Trauer, Ärger, Freude etc. und deren spezifische Person-Umwelt-Beziehungen gäben Aufschluss darüber, welcher Art von Belastung eine Person ausgesetzt ist. Stress dagegen mache nur allgemein offenkundig, dass die betroffene Person stark belastet ist. Somit stellt die Untersuchung von Emotionen eine feinere Analyse von Person-Umwelt-Relationen dar. Konsequenterweise führte er die ansonsten nebeneinander existierenden Stress- und Emotionsforschungen zu einem Forschungszweig zusammen (Lazarus 1999).

Ich finde das sehr spannend. Hauptthema für gesteigertes Wohlbefinden wird damit nicht die Stressregulation, die manchmal ein Stochern im Nebel darstellt, sondern die Emotionsregulation, die diesem Stress unterlegt oder vorgelagert ist. Während Stress häufig die Kategorie für einen diffusen mentalen Zustand beschreibt, haben wir unser Leben lang gelernt, eine Emotion ziemlich genau zu benennen. Je lindernder die Ressourcen wirken, die einer Person gewohnheitsmäßig zur Verfügung stehen, umso effektiver die Emotionsregulierung. Und dies rückt noch mehr die Frage in den Mittelpunkt, welcher Dispositionen es bedarf, um zu dieser Regulation in der Lage zu sein.

**Fazit**

Gelebter Stress führt nicht unbedingt zu unmittelbarem Disstress(empfinden). Je nachdem, wie schwerwiegend die Ereignisse sind, wie wir sie bewerten und bewältigen oder wie viel soziale Unterstützung wir erfahren, wird der Umgang mit Stressoren positive, negative oder keine gesundheitlichen Konsequenzen nach sich ziehen. Dafür ist weniger entscheidend, was einwirkt, sondern auf welches Repertoire von Ressourcen ein Mensch zurückgreifen kann, um mit all den möglichen biopsychosozialen Spannungszuständen umzugehen, und welches individuelle Bewältigungsverhalten, das auf das Vorhandensein oder Fehlen dieser Ressourcen zurückzuführen ist, er gelernt hat.

Das ist wiederum typabhängig. Und doch gibt es eine personale Ressource als Stellschraube, die angezogen hohe Wirkungen auf Ihr Stressempfinden haben wird: Sie ist der Herzschlag meines Buches. Selbst wenn Sie manchmal denken sollten – nun hat sie den Faden verloren – nein, jede Zeile atmet diese wichtigste Ressource und wie Sie sie aktivieren, modifizieren oder perfektionieren können. Wer diesen Prozess als Erwachsener bewusst anstoßen will, kann jedoch nicht einfach einen Wunschzettel ausfüllen und ansonsten die Hände in den Schoß legen. Es geht vielmehr darum, dass Sie ihn überhaupt anstoßen (wollen). Das ist mit der wichtigste Schritt! Und jetzt – geht's endlich los. Also thematisch: Gehen wir gemeinsam Ihrem Stressempfinden an den Kragen!

# Literatur

Lazarus RS, Launier R (1981) Stressbezogene Transaktion zwischen Person und Umwelt. In: Nitsch JR (Hrsg) Stress – Theorien, Untersuchungen, Maßnahmen. Huber, Bern, S 213–259

Lazarus RS (1999) Stress and emotion: a new synthesis. Springer, New York

McGonigal K (2018) Glücksfaktor Stress: Warum Stress uns erfolgreich und gesund macht. TRIAS, Stuttgart

Schaarschmidt U (2006a) AVEM: Ein Instrument zur interventionsbezogenen Diagnostik beruflichen Bewältigungsverhaltens. http://www.psychotherapie.uni-wuerzburg.de/termine/dateien/Schaarschmidt180407_AVEM.pdf. Zugegriffen: 17. Juni 2019

Schaarschmidt U (2006b) AVEM – ein persönlichkeitsdiagnostisches Instrument für die berufsbezogene Rehabilitation. In: Arbeitskreis Klinische Psychologie in der Rehabilitation BDP (Hrsg) Psychologische Diagnostik – Weichenstellung für den Reha-Verlauf. Deutscher Psychologen Verlag, Bonn, S 59–82

Schaarschmidt U, Fischer AW (2008) AVEM Arbeitsbezogenes Verhaltens- und Erlebensmuster, 3. Aufl. Pearson, München

Siegrist J (1996) Soziale Krisen und Gesundheit. Hogrefe, Göttingen Studien zu Stressauswirkungen (Zugegriffen: 21. Mai 2019): 1) Giving to others and the association between stress and mortality https://www.ncbi.nlm.nih.gov/pubmed/22201278; 2) Does the perception that stress affects health matter? https://www.ncbi.nlm.nih.gov/pubmed/23327269; 3) Improving acute stress responses: The power of reappraisal http://wendyberrymendes.com/cms/uploads/CDPS_reappraisal-1.pdf5

Ulich E, Wülser M (2017) Gesundheitsmanagement in Unternehmen: Arbeitspsychologische Perspektiven. Springer Gabler, Wiesbaden

Uexküll et al (2018) Psychosomatische Medizin: Theoretische Modelle und klinische Praxis Taschenbuch – 16. Oktober 2018, 8. Aufl. In: Karl K, Wolfgang H, Peter J, Johannes K, Wolf L, Wolfgang S (Hrsg) Urban & Fischer Verlag & Elsevier, München

# 5

# Der Antistress: Wie entsteht Gesundheit?

Wir wollen doch sehn, ob nicht die allermeisten sogenannten „unübersteiglichen Schranken" die die Welt zieht, sich als harmlose Kreidestriche herausstellen!
Lou Andreas-Salomé, Brief an Hendrik Gillot 1882

Es gibt etliche Möglichkeiten, um situative Stresshormone körperlich schnell wieder abzubauen. Sie sind nahezu jedermann bekannt. Ob Bewegung und Sport, von moderatem Spazierengehen bis Puls hochpuschen, tief ein- und langsam wieder ausatmen, von 100 rückwärts zählen, ein großes Glas Wasser schnell in großen Schlucken trinken, den Sekundenzeiger einer Uhr eine Weile beobachten, puzzeln, ein Mandala ausmalen und vieles mehr. Doch kann dies nicht verhindern, dass es überhaupt erst zu einer Ausschüttung der Stresshormone kommt. Es bleibt bei Symptombekämpfung statt Ursachenbehebung. Weshalb in der Hauptsache der aufmerksam mentale Umgang mit stressauslösenden Faktoren ausschlaggebend

© Springer Fachmedien Wiesbaden GmbH, ein Teil von Springer Nature 2019
S. S. Klief, *Der Anti-Stress-Trainer für Juristen,* Anti-Stress-Trainer, https://doi.org/10.1007/978-3-658-15957-3_5

dafür ist, ob sich irgendwann in Summe schwerwiegende, krankmachende Stresssymptome entwickeln oder nicht.

Das individuelle Bewältigungsverhalten, das auf das Vorhandensein, das Fehlen oder die Ineffektivität von Ressourcen zurückzuführen ist, spielt im Ergebnis auch eine wichtige Rolle bei der Aufrechterhaltung von Gesundheit oder dem Aufkommen von Krankheiten. Gibt es zur angemessenen Stressbewältigung keine verfügbaren Ressourcen, oder werden Ressourcen ineffektiv eingesetzt, werden die Kompensationsversuche die Stressentstehung und den Prozess der Krankheitsentstehung begünstigen. Krankheit erscheint in diesem Zusammenhang nicht als unmittelbare Folge von Stressereignissen, sondern als Folge nicht vorhandener Anpassungsfähigkeit. Umgekehrt erleichtert der effektive Einsatz von Ressourcen den Umgang mit Stressfaktoren. Stressbedingte Beeinträchtigungen der Gesundheit bleiben dann infolge dieser gesunden Handhabe aus. Dieser Blickwinkel macht aus Gesundheit selbst eine stressreduzierende Ressource.

Unter der Voraussetzung dieser ganzheitlichen Perspektive ist die Conclusio, Dauerstress führe unmittelbar zu Krankheit, obsolet. Das verändert die lange Zeit vorherrschende pathogenetisch ausgerichtete Suche und Identifizierung von akuten und chronischen Stressfaktoren, die zu physischen und psychosozialen Missständen führen, zu einer salutogenetischen Betrachtungsweise. Deshalb wird uns das Konzept der Salutogenese gleich näher beschäftigen. Zuvor jedoch noch ein Blick darauf, welche Kraft in Ihnen persönlich liegt, die förderungswürdig ist. Denn alles grundsätzliche Wissen über Hilfsquellen der Kraft in uns selbst bringt nichts, wenn wir sie nicht einsetzen. Bedeutsam sind hierfür die individuellen gesundheitserhaltenden und -fördernden Lebensbedingungen, die sich ein Mensch bewusst schafft. Diese Lebensweise wird einem nicht geschenkt. Genauso wenig wie Erfolg – was allen Menschen klar ist. Doch bei ihrer Gesundheit spielt die Eigenverantwortung viel zu häufig eine untergeordnete Rolle. Dann werden gesellschaftspolitische Maßnahmen und Konzepte gefordert, da Gesundheitsbeeinträchtigungen ja auch von „der Gesellschaft" hervorgerufen würden. Sich selbst als wichtigsten Teil dieser Gesellschaft zu begreifen, kommt in dem Fall zu kurz.

Tja, aber welches sind denn nun Ihre speziellen Stabilisierungsressourcen, die die gesundheitsbeeinträchtigende Wirkung von psychosozialen Spannungszuständen in einen abmildernden Bewältigungsprozesses überführen können? Für mich liegt das ziemlich klar auf der Hand.

## 5.1  Die wichtigste Ressource gegen Stress

Die Haltung der Ressourcenorientierung geht davon aus, dass der Mensch die meisten Ressourcen, die er zur ausbalancierenden Lebensführung benötigt, in sich trägt. Das ist gut. Aber um Belastungen bewältigen zu können, ist es für jeden Menschen bedeutsam, diese auch zu nutzen. Logisch, sonst bringt die beste theoretische Erkenntnis nichts. Um auch wirklich als Grundlage zu dienen, sich aus dem Umgang damit eigene Stärkung zu erarbeiten, müssen Sie sie also zuallererst: kennen.

Zunächst ein kurzer Abriss, welche Ressourcen es überhaupt gibt:

**Materielle Ressourcen**

sind physischer Natur z. B. Nahrung, Haus, Kleidung, Pkw. Sie werden nach ihrem tatsächlichen Wert oder als Statussymbol bewertet. Objektressourcen dienen in erster

Linie der Befriedigung von Grundbedürfnissen. Auf das Arbeitsumfeld bezogen sind damit die praktischen Eigenschaften und Gegenstände eines Arbeitsplatzes gemeint. Schreibtisch und Stuhl in angemessener Größe und (zueinander passender) Höhe; eine angenehme Arbeitsumgebung betreffend Licht, Lüftung, Sauberkeit.

**Organisationale Ressourcen**
werden von der Organisation bereitgestellt oder zumindest bedingt. Dabei handelt es sich vorwiegend um einen angemessenen Handlungs- und Entscheidungsspielraum, Informations- und Partizipationsmöglichkeiten, eine gute Organisation von Abläufen in Unternehmen und geschulte Führungspersönlichkeiten.

**Soziale Ressourcen**
sind die einer Person insgesamt zur Verfügung stehenden, von ihr genutzten oder beeinflussten gesundheitsschützenden Merkmale des sozialen Handlungsraums, wie etwa ein gutes Sozial- und Arbeitsklima, eine ausgeprägte soziale Unterstützung durch Arbeitskollegen und Vorgesetzte sowie ein mitarbeiterorientiertes Vorgesetztenverhalten. Eine besondere Form dieser sozialen Unterstützung ist die „gesunde" und achtsame Unterstützung durch den Vorgesetzten.

**Personale Ressourcen**
sind physische Ressourcen wie die körperliche Fitness und Belastbarkeit genauso wie soziale Kompetenzen und berufliche Fähigkeiten, z. B. die Nutzung von Netzwerken, der Aufbau und die Pflege von Kontakten, Empathie oder die Herstellung einer guten Mandantenbeziehung. Sie beschreiben aber auch individuelle Persönlichkeitsmerkmale wie Optimismus oder Pessimismus, fachliche und soziale Kompetenzen, Selbstwirksamkeit, Widerstandsfähigkeit und Kontrollüberzeugung, innere Ruhe und Achtsamkeit etc., die eine hohe Stressrelevanz haben. Gute persönliche Ressourcen fördern die Stressresistenz, reduzieren die Stressanfälligkeit und bieten Handlungsspielraum.
(Schlagloth-Kley 2013)

**Ihre Hauptressource**

Was für einen Menschen eine Ressource darstellt, ist abhängig vom Kontext seiner persönlichen und sozialen Situation. Ihre Existenz besitzt nie für alle Menschen den gleichen Wert. Trotzdem werde ich nun die Aktivierung und Stabilisierung einer ganz bestimmten Ressource empfehlen, weil sie übergreifend dienlich ist. Egal, ob Sie diese Ressource schon leben und eine Intensivierung oder Auffrischung wünschen, sie noch in Ihnen schlummert und darauf wartet geweckt zu werden oder Sie sie sich willentlich antrainieren; ebenfalls irrelevant, ob Sie selbstständig alleine oder als Führungskraft für viele arbeiten oder in ein Team ein- oder weisungsgebunden sind. Es ist eine relevante Kompetenz für einen Wissensarbeiter mit viel Verantwortung.

Ganz oben auf die Liste der nichtmateriellen Ressourcen, die es für Vielarbeiter und Führungskräfte zu entdecken und/oder zu entwickeln gilt, gehört die Fähigkeit, sämtliche persönlichen Ressourcen so zu koordinieren, dass ein Ziel erreicht oder eine Absicht effizient umgesetzt werden kann. Dazu dient die Kompetenz der Selbststeuerung.

**Die Selbststeuerungskompetenz der Selbstregulation**

Umgangssprachlich versteht man unter Selbststeuerung: eigenveranlasst verantwortungsbewusstes Handeln. In der Psychologie umfasst die Selbststeuerungskompetenz die Fähigkeit der Wahrnehmung, des Fühlens und Wissens als Basis zu nehmen, um zu interagieren, zu intervenieren, Entscheidungen zu treffen, eigene Ziele zu bilden und sie gegen innere und äußere Widerstände umzusetzen. Dafür müssen mögliche Strategien zur Verhaltenssteuerung und -regulierung, auch gegen Ablenkungen im

Innen und von außen, bekannt und internalisiert sein, um sie in Abstimmung mit den eigenen Möglichkeiten einsetzen zu können. Selbst wenn das bedeutet, andere Bedürfnisse zurückzustellen. Nur durch eine ausgeprägte Selbststeuerungskompetenz gelingt es, einer Umwelt, die fremdbestimmend wirkt, ein höheres Maß an Eigensteuerung, Klarheit und Gelassenheit entgegenzusetzen (Fröhlich und Kuhl 2003).

Eine grundlegende Selbststeuerungskompetenz ist die der Selbstregulation: Wer etwas bewirken möchte, braucht die Befähigung zu steuern, und zwar zuallererst sich selbst. Unter dem Begriff der Selbstregulation sammeln sich die Fähigkeiten, mit denen Menschen ihre Emotionen, Impulse und Handlungen steuern. Die Selbstregulation ist der Grad an Selbststeuerungskompetenz, der einem Menschen dient, selbstkongruente Ziele zu bilden und umsichtig umzusetzen. Dazu gehört nicht nur der gute und gelungene Umgang mit sich selbst und die Erreichung von Wohlbefinden und innerem Gleichgewicht, sondern auch Bedingungen selbst herzustellen, unter denen eigenes Wohlbefinden möglich ist. Selbstregulative Fähigkeiten führen zu einem positiveren Selbstkonzept, was mit einem verstärkten Vertrauen in alle anderen Kompetenzen einhergeht (Ebner 2013, S. 238).

Es ist die Fähigkeit, in Eigenaktivität sämtliche psychische Ressourcen so zu koordinieren, dass mit ihnen ein Ziel erreicht oder eine Absicht effizient umgesetzt werden kann. Und, wo die Person es wünscht, Ziele und Vorsätze mit den eigenen Werten und Bedürfnissen (ggf. auch mit den Werten und Bedürfnissen anderer) abgestimmt werden können (Kuhl 2010, S. 123). In dieser wichtigen Funktion koordiniert sie außerdem psychische Befindlichkeiten wie das Temperament, das Denken, das Empfinden und das Planen sowie die Emotion, die Motivation und die Aufmerksamkeit. Das Leben im Außen eines Menschen hat schon genug Komponenten, die für sich alleine geeignet sein können, ihn derart zu irritieren, dass er aus der Bahn geworfen wird. Sich stattdessen auch oder gerade unter Berücksichtigung des eigenen Fühlens selbst zu behaupten, ist deshalb eine sehr wichtige Selbststeuerungskomponente. Diese selbstwahrnehmende Funktion läuft in alltäglichen Situationen häufig in automatisierten Verhaltensketten implizit ab, die nicht bewusst wahrgenommen werden und trotzdem zielführend sind.

Es gibt etliche Theorien zu ihrem Prozessverlauf im Menschen. Meine nun folgenden Vorschläge orientieren sich an dem dreistufigen Aufbau der Theorie der sozial-kognitiven Selbstregulation des kanadischen Psychologen Albert Bandura (1990).

**Wie ist sie aktivierbar?**
Das geht nicht per Knopfdruck, ist aber, wie ich später noch aufzeigen werden, durchaus trainierbar. In besonderen Belastungssituationen bedarf es der Übung, mit einhergehenden negativen Gefühlen konstruktiv umzugehen. Damit erfolgreiches Handeln zu der Überzeugung führt, auch zukünftig Anforderungen erfolgreich bewältigen zu können, gilt es allerdings auch, sich positive Gefühle bewusst zu machen. Erfolge bewusst wahrzunehmen und die Ergebnisse an den Ursachen dafür festzumachen, ist ein ganz wichtiger Schritt.

Dem folgt die Banduras-Theorie der Selbstregulation der Motivation.

Selbstregulation kann nicht über reine Willenskraft geschehen, sondern erfolgt über verschiedene Subprozesse: Sich selbst zu beobachten, um sich so gut wie möglich kennenzulernen, über sich selbst zu reflektieren, um sich und das Handeln bewerten zu können und darauf zu reagieren.

Die drei Komponenten im Einzelnen:

1. **Selbstbeobachtung:** Die Aufmerksamkeit der Person richtet sich auf das aktuelle Verhalten. Darüber werden für die Regulation notwendige Informationen gesammelt: wichtige Erkenntnisse über das eigene Selbst und seine Wirkung, über den Zustand von Verhalten und Gefühlen und woraus sich die intrinsische Motivation speist – was an sich schon motivierend wirken kann.

2. **Selbstbewertung:** Hier wird das Beobachtete oder das Erreichte mit den eigenen internen Standards (Anspruchsniveau, Ziele) abgeglichen, wobei diese ausschließlich den inneren Merkmalen einer Person entspringen.

3. **Selbstreaktion:** Aus der Selbstbewertung folgen die sowohl affektiven als auch kognitiven individuellen Selbstreaktionen, also das gezeigte Verhalten, das aus der Selbstbewertung folgt.

(Stangl 2019)

Dazu gehören spezielle Belohnungs- oder Bestrafungsrituale, mit denen die Person ihr Verhalten üblicherweise steuert, wie auch affektive und kognitive Reaktionen. Stellt sich beispielsweise Zufriedenheit oder Unzufriedenheit ein, handelt es sich um eine affektive Reaktion. Das Reflektieren darüber, wie erfolgreich ein Ziel umgesetzt wurde, ist eine mögliche kognitive Reaktion. Beide Reaktionsschemata wirken nach Bandura auf die Selbstbeobachtung und Selbstbewertung zurück, was dazu führt, dass künftige Ziele den gewonnenen Erfahrungen entsprechend angepasst werden. Hat ein Mensch eine stark ausgeprägte Kompetenz, sich selbst zu regulieren, entscheidet er selbst aktiv, wann er seine kognitiven und affektiven Erstreaktionen beibehält oder die Erstreaktionen verändert. Etwa, um sich den Gegebenheiten einer spezifischen Situation angemessen anzupassen.

Die drei dargestellten Subprozesse laufen stetig unterschwellig in uns ab und beeinflussen sich wechselseitig. Will man selbstgesteuerte Veränderungen in seiner Regulationsfähigkeit erreichen, ist es ratsam, sie bewusst zu entwickeln und zu mobilisieren. Wie genau, das skizziere ich in den folgenden Kapiteln. Grundlegend dafür ist die Selbstreflexion. Ein paar Worte dazu, da sie die Basis für alle nachfolgend vorgestellten inneren Prozesse bildet.

## 5.2 Das wichtigste Werkzeug gegen Stress

Reflexion, lateinisch „reflectio", heißt zurückbeugen. Durch das „Zurückwenden" auf das eigene Denken und Bewusstsein wird ein selbstgesteuerter Lernprozess möglich. Gedanken oder Gefühle fließen nicht einfach „hindurch", sondern werden ergebnisorientiert so genau angesehen, dass sich Konsequenzen für die Zukunft ziehen und Veränderung und zukünftige Handlungspläne ergründen lassen. Die Selbstreflexion hat viele mögliche Facetten, die aber letztlich immer auf das: „Ergründen und Verstehen der Wurzeln und Folgen des eigenen Empfindens, Denkens, Handelns und Unterlassens" (Auert et al. 2015, S. 5) hinauslaufen. Zwar lernen Menschen auch informell im Alltag, aber dieser ist ja gerade dadurch gekennzeichnet, dass ohne langes Überlegen, aus einem Handlungsdruck heraus, Entscheidungen getroffen werden. So besteht zwar unser gesamter Tag aus Denken, doch ist Denken zum größten Teil eine Folge von Denkgewohnheiten. Ganz ohne Anstrengung und völlig automatisiert birgt jede Minute Dutzende von Gedanken. In Konzentration auf ein bestimmtes Thema oder hineinschießend in unsere Köpfe, sich windend und drehend und dadurch unsere Realität kreierend. Unser Unterbewusstsein nimmt alles dankbar entgegen – egal, ob es sich um vernünftige, nachvollziehbare Gedankenmuster handelt oder um mechanischen Input – und kreiert aus positiven wie negativen Erfahrungen Erkenntnisse. So entstehen aus Gedankenabläufen Erfahrungen und aus diesen Verhaltensmuster, die sich automatisiert verstetigen, um das Bewusstsein zu entlasten. Das macht das alltägliche Leben lebbar.

Will man allerdings festgefahrene Gedankenmuster verändern, eine Krise meistern, ein Dilemma lösen oder gesichert zu Halt und Orientierung finden, braucht es eine Form des disziplinierten Nachdenkens über eigenes Handeln und Denken. Dadurch kann man lernen, unabhängig von der Vorliebe gewisser Muster zu denken. Diese Form des objektiven Denkens als Subjekt erweitert den Blick, sodass eine angemessene Reaktion auf Herausforderungen möglich wird. Dafür muss der Mensch sich allerdings seiner gewohnten Voraussetzung des eigenen Denkens kritisch bewusst werden. Er darf nicht nur denken, er muss reflektieren.

Selbstreflexion dient nicht immer nur der unmittelbaren Erreichung von innerem Wohlbefinden durch eigenes Tun. Sie fördert auch das Erkennen eigener Schattenseiten und kann helfen, Klärungsarbeit zu leisten und künftige unangemessene Reaktionen zu verhindern. Die Qualität des ersten Eindrucks, der sich auf gewohnte Erklärungsmuster oder gar Vorurteile stützt, trifft nicht immer den Kern einer Sache. Ihn darauf zu überprüfen, ob Informationen nicht genug oder nur oberflächlich gewürdigt wurden, rückt von der Oberfläche auf eine vertiefte Sichtweise. Bestätigt sich der erste Eindruck nicht, entwickelt und erweitert sich das Handlungswissen für eine ähnliche oder übertragbare Situation. Die durch die Reflexion angeregten Gedankenexperimente und eine erhöhte Aufmerksamkeit können die Entwicklung der eigenen Fähigkeiten stützen, führen also zu einem erweiterten Selbstverständnis.

Die eigene Persönlichkeit zu erforschen und sich selbst in Arbeitsverhalten, Interaktion oder Führungshandeln kritisch zu betrachten, dient bspw. dazu, sich dessen bewusst zu werden, ob systemische Einflüsse mit persönlichen Werten noch übereinstimmen. Oder ob erstere die eigene Wertematrix unmerklich, aber sukzessive unterwandern und daher Stressreaktionen auslösen. Der Erwerb umfassenden Wissens über sich selbst, das berufliche Handeln und die zugrunde liegenden Umstände sensibilisiert außerdem für routinierte, automatisierte Abläufe und bildet ein Gegengewicht dazu.

Selbstreflexion kann daher hervorragend helfen Stress direkt vorzubeugen, denn irrationale und destruktive Denkmuster sind Stressauslöser. Falsche oder vorschnelle Einschätzungen und Verallgemeinerungen, selbst nur marginaler Ereignisse, können durch fehlerhafte Schlussfolgerungen der Grund für negative Gefühlsreaktionen sein, mit verdrießlichen Kettenreaktionen. Zu lernen, dass negative Emotionen nicht ausschließlich bedrohlich zu bewerten sind, ist vielleicht eine der wichtigsten Wirkungen der Selbstreflexion. Menschen, die davon überzeugt sind, dass man sich auch mit problematischen Emotionen konstruktiv und erfolgreich auseinandersetzen kann, sehen darin die Herausforderung und Chance, ihre Kompetenzen zu trainieren, anstatt immer nur die Risiken zu sehen.

**Kann das jeder?**
Professionelles Coaching oder gar Therapie öffnet und gibt Raum zur unterstützten Selbstreflexion. Menschenkenntnis, basierend auf fundierter Berufserfahrung, tut ihr Übriges, um im Coaching zu wirksamer Introspektion zu

führen. Aber: Kann man diesen Raum auch selbst – im Sinne von alleine – füllen? Viele innere Prozesse und Bestandsaufnahmen zu steuern und im Griff zu behalten, die mit großen Veränderungen einhergehen können, bedürfen einer gemeinsamen Arbeit. Will man diesen Weg alleine gehen, braucht man die Selbstgewissheit, dass es selten genügt, einfach nur in sich hineinzusehen, um dort wie in einem offenen Buch lesen zu können. Auch die Tools, die ich Ihnen später vorstellen möchte, können nur dabei helfen, wenn der Selbstreflektierende nicht zum Saboteur seiner eigenen guten Absichten wird. Etwa, indem er sich belügt. Eine gründliche Selbsterkenntnis bedeutet Arbeit, die anstrengend und manchmal sogar mental schmerzhaft sein kann. Von Vorteil ist es, über ein möglichst realistisches Selbstbild in Form unvoreingenommener Selbstwahrnehmung zu verfügen.

Um es deutlich zu sagen: Für notorische Selbstzweifler oder personifizierte übersteigerte Ichbezogenheit ist die reine autarke Selbstreflexion nicht unmittelbar geeignet. Sie kann bestenfalls unterstützend wirken, im Rahmen einer wahrhaftigen und tiefen Bestandsaufnahme seiner selbst mit Hilfe eines Coaches. Dennoch kann ein privilegierter Zugang zum eigenen Ich nicht nur trotzdem, sondern sogar sehr gut gelingen. Eine Bedienungsanleitung gibt es dafür nicht. Bereits bei der Zusammenstellung von für sich geeigneten Tools beginnt die Arbeit der Reflexion, was dem eigenen Selbst gut täte. Die gilt es auszuwählen unter der Prämisse, wie aus der Betrachtung seiner eigenen Empfindungen, Überlegungen, Handlungen und Erlebnisse wichtige Rückschlüsse zu ziehen sind, „die den Selbstbedenker auf den Geschmack bringen, Selbstreflexion nicht nur als Eintagsfliege zu betrachten, sondern als nachhaltiges Instrument zur eigenen Selbstorientierung und Lebensführung einzusetzen" (Auert et al. 2015, S. 24).

**Fazit**

Um mit den Schwierigkeiten und hohen Anforderungen komplexer und hierarchieübergreifender Berufsbilder angemessen umgehen zu können, bedarf es immer einer hohen intrinsischen selbstkontrollierenden Größenordnung zur belastungsabhängigen Selbstaktivierung. Dazu gehört die Bereitschaft, eigene Emotionen zu akzeptieren, zuzulassen (Ebner 2013, S. 63) und zu bearbeiten. Wer über einen ausreichenden Zugang zu sich selbst und die Bereitschaft verfügt, schwierige Situationen selbstständig zu meistern und eine normal ausgeprägte Selbstkontrolle aufweist, für den ist die Selbstreflexion eine hervorragende Basis, sich und seine Regulationsfähigkeiten selbstkongruent weiterzuentwickeln.

# Literatur

Auert A, Krachleder C, Röpnack R (2015) Selbstreflexion als Hilfsmittel für Erfolg, Gesundheit und Lebenszufriedenheit. https://www.krisen-kommunikation.de/extdat/krikom-artikel-selbstreflexion.pdf. Zugegriffen: 14. Juni 2019

Bandura A (1990) Self-regulation of motivation through anticipatory and self-reactive mechanisms. In: Dienstbier RA (Hrsg) Perspectives on motivation, Nebraska Symposium on Motivation. University of Nebraska Press, Lincoln, S 69–164

Ebner K (2013) Ohne Klient kein Coaching. Der Einfluss der Klienteneigenschaften auf die Wirkung von Coaching. Dissertation, Universität Braunschweig

Fröhlich SM, Kuhl J (2003) Das Selbststeuerungsinventar: Dekomponierung volitionaler Funktionen. In: Stiensmeier-Pelster J, Rheinberg F (Hrsg) Diagnostik von Motivation und Selbstkonzept. Hogrefe, Göttingen, S 221–258

Kuhl J (2010) Lehrbuch der Persönlichkeitspsychologie. Motivation, Emotion und Selbststeuerung. Hogrefe, Göttingen

Schlagloth-Kley C (2013) Berufliche Belastungsfaktoren und chronischer Stress bei freiberuflichen gesetzlichen Betreuern. Dissertation, Universität zu Köln

Stangl W (2019) Stichwort: „Selbstregulation". Online Lexikon für Psychologie und Pädagogik. https://lexikon.stangl. eu/622/selbstregulation/. Zugegriffen: 15. Juni 2019

# 6

## Das Training

Eine Angewohnheit kann man nicht aus dem Fenster werfen.
Man muss sie die Treppe hinunterboxen, Stufe um Stufe.
Mark Twain

„Lernen ist wie Rudern gegen den Strom. Hört man damit
auf, treibt man zurück."

Dieses chinesische Sprichwort prangte in meiner Schul-
zeit an meiner Pinnwand. Damals noch mit Benjamin
Britten unterschrieben, aber da uns das Netz klüger macht,
weiß ich heute, es kommt ganz woanders her. Wichtiger
ist allerdings, wo es „hinfällt". Als Schülerin auf den wenig
fruchtbaren – gleich faulen – Boden außerhalb der kognitiven Erkenntnis, dass da natürlich was dran sei. Heute
habe ich allerdings die Aufgabe zu erfüllen, Ihnen einen
sogenannten Mehrwert zu liefern, statt nur schöne Worte
zu schwingen. Und in diesem Rahmen habe ich mich ziemlich lange mit dem Thema: „Wie lernen Erwachsene?" und
„Was spielt unser Gehirn dabei für eine Rolle?" beschäftigt.

© Springer Fachmedien Wiesbaden GmbH, ein Teil von Springer
Nature 2019
S. S. Klief, *Der Anti-Stress-Trainer für Juristen,* Anti-Stress-Trainer,
https://doi.org/10.1007/978-3-658-15957-3_6

Das ist enorm interessant und ein eigenes Buch wert, aber ich hoffe, ich konnte Ihnen nachfolgend eine kleine Essenz ansprechend eindampfen, sodass Sie davon etwas mitnehmen und für das „Training" einiger wichtiger Selbstregulationsstärkungswerkzeuge nutzen können. Einer der schönsten Sätze, die ich dazu bei meinen Recherchen gelesen habe, lautet: „Die Skalen der Selbststeuerung sind nicht dezidiert als Dispositionen, sondern als trainierbare Kompetenzen verortet." (Pältz 2015, S. 147) Und gleich nochmal, weil's so schön war und als Beleg, dass es sich auch wirklich um die h. M. handelt: „Die Selbststeuerung ist keine Disposition, sondern wird als Kompetenz verstanden, welche situationsgemäß den Anforderungen angepasst werden kann und entsprechend als veränderlich oder optimierbar gilt." (Klieme und Hartig 2007, S. 13) Doch steht die Redundanz nicht nur für meine Euphorie, sondern auch direkt als Gegenpol zu dem Körperteil, mit dem Sie das Training absolvieren werden. Unser Gehirn kann ja direkt nichts dafür, es ist das Produkt verarbeiteter Erfahrungswerte über Zig-Jahrtausende, aber die Stolpersteine unseres Unterbewusstseins haben es echt in sich. Erkenntnisse aus der Hirn- und Glücksforschung belegen, wie wichtig eine intensive, bewusste immer wieder neue Aufmerksamkeitslenkung auf emotionsrelevante Tagesereignisse ist, und zwar auch oder vor allem auch auf solche, für die wir über Jahre Routinen ausgebildet haben.

## 6.1    Das Selbstmanagement

Wünsch dir nicht, dass es leichter wäre – wünsch dir, dass du härter wärst.
Jim Rohn

Selbstmanagement ist von dem Bemühen gekennzeichnet, das eigene Verhalten zielgerichtet zu beeinflussen. Es ist

vor allem für Menschen wichtig, die viel Entscheidungs-
freiheit in ihrer Arbeit besitzen oder gar anderen vorgesetzt
sind. Warum das kleine Wörtchen „trainierbar" in obigem
Zitat dafür eine immanent wichtige Rolle spielt, zeigt sich
anhand zweier Hürden auf dem Weg zu erfolgreicher Persönlichkeitsentwicklung. Sie sich bewusst und gleichzeitig
zu Nutze zu machen, dient dazu, der dunklen Macht der
Gewohnheit Herr zu werden.

## Die Negativitätstendenz des Gehirns

Eine Studie dazu, wie Erwachsene positive und negative
Informationen verwenden, brachte eine große Asymmetrie
der Art und Weise hervor, wie Menschen Informationen
verarbeiten, um die Welt zu verstehen. Man stieß auf die
Neigung, sich eher um negative Informationen zu küm-
mern und daraus zu lernen als um positive. Diese „Negativitätstendenz" (Vaish et al. 2008) des Gehirns macht
aktives Bemühen erforderlich, um positive Erfahrungen
zu internalisieren und negative zu verarbeiten. „Wir sind
sich dynamisch verändernde Systeme", schreibt Rick Hanson in „Das Gehirn des Buddha", „allerdings nur, wenn
wir dafür auch den Motor anwerfen" (Mendius und Hanson 2017). Diese Metapher erklärt, wie das Gehirn gelernt
hat, damit umzugehen, dass der Mensch in seiner Ent-
wicklungsgeschichte permanent mit potenziellen Gefahren umgeben war. Diese als solche zu identifizieren, hat
ihm vor vielen tausend Jahren das Überleben gesichert.
Bis heute verfügt unser Gehirn über diese gesteigerte
negative Wahrnehmung, die die Zeichen für Bedrohung
zur Chance für Flucht oder Gegenwehr werden lassen.
Das hilft im harten Überlebenskampf durchaus. Diese
„Negativitätstendenz" hat allerdings auch eine Medaillen-
kehrseite: Indem wir Positives um ein Vielfaches geringer
gewichten, sehen wir die Welt durch ein sehr vernebeltes
Brennglas.

Was vornehmlich früher geholfen hat, unsere Art zu erhalten, verkehrt sich in unserer heutigen Gesellschaft eher ins Gegenteil. Denn es legt unseren mentalen Fokus primär auf das, was wir als negativ oder mangelhaft bewerten. Das alleine wäre nicht schlimm, doch stellt das Gehirnareal im Hippocampus sicher, dass diese Ereignisse, Gedanken oder Gefühle sorgfältig abgespeichert werden. Dadurch lernen wir, auf einen späteren, erneuten „Angriff" vorbereitet zu sein, und haben im Fall der Fälle Zugriff darauf. Diese Prägung des Geistes läuft größtenteils unterbewusst ab, und die Kenntnis davon lehrt uns lebenslanges Lernen.

Jedes Leben birgt negative Erfahrungen, wir können sie nicht generell ausmerzen. Was wir aber tun können, ist, das positiv Erfahrene zu fördern. In einen achtsamen Umgang mit allen Emotionen zu kommen, die unserem „Verlangen nach Leiden" (Mendius und Hanson 2017) das Übergewicht nehmen, und stattdessen in ein Gleichgewicht zu finden, das positive Erfahrungen explizit aufnimmt und abspeichert und damit die impliziten, sich festsetzenden Erinnerungen durchsetzt und sie sogar heilt.

**Peak-End-Rule**

Sich festsetzende Erinnerungen nennt der Psychologe und Nobelpreisträger Daniel Kahneman das „erinnernde Selbst" (Kahnemann 2016). Er ist „Glücksforscher" und fand heraus, dass es sehr wichtig, aber auch sehr schwierig ist, über Wohlbefinden und eigenes Glück nachzudenken. Das liegt an dem fundamentalen Unterschied zwischen dem Erlebnis-Glück und der Lebens-Bewertung, also dem situativen Glückserleben und der Erinnerung an eine Zeitspanne mit Glücks- und anderen Momenten. Wie komplex Glück und seine Auswirkung auf das Leben ist, wird schon daran erkennbar, in welcher Art wir die Fragen formulieren: *Bin ich glücklich in meinem Leben?* oder:

*Bin ich glücklich über mein Leben?* Darauf sind durchaus unterschiedliche Antworten denkbar.

Doch die Komplexität wird noch deutlicher bei der Verwechslung von Erleben und Erinnern. Das „erlebende Selbst" lebt sein Leben. Es hat ein Erlebnis nach dem anderen, konzentriert sich auf den Moment und „verliert" ihn bereits im nächsten Moment wieder – zumindest aus dem Sinn. Das bedeutet: Die meisten Momente unseres Lebens hinterlassen keinerlei Spuren, denn sie werden vom „erinnernden Selbst", das für das Abrufen von Erinnerungen zuständig ist, komplett ignoriert.

Das bedeutet nicht, dass „erlebendes und erinnerndes Selbst" völlig getrennte Instanzen wären. Das „erlebende Selbst" liefert seinem Gegenspieler immerhin den Rohstoff für dessen Erinnerungen, die allerdings sehr häufig den Anstrich von Geschichten mit rein fiktiven Anteilen haben. Und da wird's interessant, denn unser Gedächtnis erinnert sich in weiten Teilen nicht unbedingt wirklich, es fabuliert – und was wir von unseren Erlebnissen im Gedächtnis behalten, ist bereits die selbstgestrickte Geschichte/Mär. Diese wiederum beeinflusst die künftigen Empfindungen des „erlebenden Selbst". Das wirkt sich natürlich auch auf Glücksempfindungen aus, denn ob und wie sich Glück steigern lässt, liegt daran, wie wir denken: ob als das „erinnernde Selbst" oder das „erlebende Selbst".

Der größte Unterschied der beiden Selbst ist ihr Umgang mit Zeit. Das fand Kahnemann in einer sehr bekannten Studie heraus, in der er seine Probanden zweimal ihre Hände in kaltes Wasser legen ließ: Einmal für 60 s in 14 Grad kaltes Wasser und ein weiteres Mal zuerst für 60 s in 14 Grad kaltes Wasser und direkt im Anschluss noch einmal weitere 30 s in 15 Grad warmes Wasser. Danach wurden die Probanden gefragt, welche der beiden Optionen sie eher nochmal machen würden. Erstaunlicherweise entschieden sich 70 % der Versuchsteilnehmer für die lange Variante (60 s bei 14 Grad + 30 s bei 15 Grad). Durch verschiedene weitere Experimente fand Kahnemann heraus, dass wir unsere Erinnerungen fast vollständig danach beurteilen, wie sie auf ihrem Höhepunkt (= engl. „peak", egal ob gut oder schlecht) und an ihrem Ende waren. Alle anderen Informationen scheinen wie getilgt. Wenn wir an eine vergangene Erfahrung denken, achten wir vor allem auf zwei Dinge: Wann immer das „erinnernde Selbst" Erlebnisse bewertet, ignoriert es deren Dauer und orientiert sich nur an Höchststand und Ende: Eine Geschichte zeichnet sich durch Umbrüche, bedeutende Augenblicke und ihren Abschluss aus. Andauernde Eintönigkeit ohne neue Erfahrungen verändert die Geschichte in der Erinnerung nicht. Wir können also nicht gelassen über einen Zustand des Wohlbefindens nachdenken, ohne ihn irgendwie zu verzerren. Die Enden sind zumeist dominant.

Erinnerungen an Erfahrungen bestimmen unsere Entscheidungen. Da uns aber rückblickend, also wenn der Moment der gemachten Erfahrung vorbei ist, nur die Erinnerung bleibt, lauert da unter Umständen eine kognitive Falle. Auch deshalb treffen Menschen häufig keine rationalen Entscheidungen. Ein weiterer Stresstest unseres Gehirns, noch zusätzlich zu der sowieso schon vorhandenen Negativitätstendenz.

Da Sie darum jetzt wissen, können Sie sich die Peak-End-Rule zu Nutze machen:

Wenn Sie Interaktionen vorausplanen können, gestalten Sie sie mit einem Highlight und beenden Sie sie möglichst positiv. Überlegen Sie sich: Was ist Ihr „Peak", mit dem Sie punkten können. Für sich selbst ist es natürlich auch sehr gut nutzbar: Beachten Sie die Regel bei der Planung des Tages oder der Woche und ganz besonders im Urlaub. Der schönste Freizeittrip kann durch ein semioptimales Ende als miserabel im Gedächtnis haften bleiben. Die „big points" müssen dabei nicht besonders spektakulär oder bemüht inszeniert sein. Da ist etwas Kreativität gefragt, und manchmal reicht es ja schon, nicht negativ zu assoziieren, damit etwas positiv in Erinnerung bleibt. Mir gefällt zum Beispiel das simple Ritual, jeden Tag mit einer positiven Kommunikation zu beginnen und zu beenden.

An Kahnemanns Werk zur Glücksforschung faszinierte mich übrigens noch seine Unterscheidung von Zufriedenheit und Glück. Er sagte in einem Video sinngemäß: Glück ist kein Ersatz für Wohlbefinden. Es ist ein komplett anderer Begriff. Sie können wissen, wie zufrieden jemand mit seinem Leben ist, doch das lehrt sie nichts darüber wie glücklich er sein Leben lebt – und umgekehrt. Das ist das Glück des „erlebenden Selbst" und die Zufriedenheit des „erinnernden Selbst" (Kahnemann 2010). Jetzt kommen wir zu einem Gefühl, das in bestem Falle zu beidem führt.

## 6.1.1 Komm zu Dir! – Ein starkes Kohärenzgefühl

> Die Menschen sind nicht Gefangene des Schicksals, sondern nur ihres Denkens.
> Franklin D. Roosevelt

Während die Resilienz seit einigen Jahren in aller Munde ist, bahnt sich eine andere, aber ähnlich wichtige Ressource erst so langsam ihren Weg in das Bewusstsein der Menschen: das Kohärenzgefühl der Salutogenese. Die Kernannahmen und Fragestellungen beider Konzepte sind ähnlich, es werden aber verschiedene Akzente gesetzt. So legt die Salutogenese den Schwerpunkt auf Schutzfaktoren zur Erhaltung der Gesundheit, die Resilienzforschung konzentriert sich auf den Prozess der positiven Anpassung und Bewältigung. Insgesamt lässt sich der Resilienzansatz in das Salutogenesemodell integrieren, er kann es also sinnvoll ergänzen. Ich konzentriere mich hier jedoch nur auf den einen Part, da es über den anderen bereits Literatur in Hülle und Fülle gibt.

## a) Das Konzept der Salutogenese

Die Medizinsoziologie ging vor 50 Jahren der Frage nach: Was haben Menschen an sich, die mit sich, ihrer Umwelt und ihrer Arbeit zufrieden sind und sich wohl fühlen? Mit der Antwort darauf ging auch die Erkenntnis einher, warum Menschen trotz widriger Umstände und enormen Herausforderungen fit, konzentriert und leistungsbeständig bleiben beziehungsweise schneller wieder werden:

Sie verfügen über das Gefühl einer stimmigen Verbundenheit mit sich selbst und einem sozialen Gefüge, in dem sie ihr Leben sinnvoll gestalten und in diesem Kontext ihre Arbeit als zugehörig empfinden. Es stimmt sie zuversichtlich, die an sie gestellten Anforderungen bewältigen zu können, weil sie über gewisse kognitive Dispositionen verfügen, die zum gelungenen Handeln beitragen.

Diesem Befinden hat der israelisch-amerikanische Medizinsoziologe Aaron Antonovsky (1923–1994) im Zusammenhang mit seinem Konzept der Salutogenese (Salus, lat.: Unverletztheit, Heil, Glück; Genese, griech.: Entstehung) den Namen **Kohärenzgefühl** gegeben. Er war 1970 im Rahmen einer Studie mit ganz anderer Fragestellung auch Frauen begegnet, die den Aufenthalt in einem nationalsozialistischen Konzentrationslager überlebt hatten. Ihr psychischer und körperlicher Gesundheitszustand wurde mit der einer Kontrollgruppe verglichen. Der Anteil der in ihrer Gesundheit nicht beeinträchtigten Frauen betrug in der Kontrollgruppe 51 % im Vergleich zu 29 % der KZ-Überlebenden. Dass in dieser Gruppe fast ein Drittel der Frauen, trotz der unvorstellbaren Qualen eines Lagerlebens mit anschließendem

Flüchtlingsdasein, als körperlich und psychisch gesund beurteilt wurden, war für ihn ein unerwartetes Ergebnis.

Er ging daher der Frage nach, welche Eigenschaften und Ressourcen geholfen hatten, unter den Bedingungen der KZ-Haft sowie in den Jahren danach, ihre umfassende Gesundheit zu erhalten. Er entwickelte daraus mit der Salutogenese einen Gegenentwurf zum pathogenetischen Modell. Anstatt sich auf die Suche nach Krankheitserregern und Risikofaktoren zu machen und zu überlegen, wie Krankheiten verhütet werden können, nimmt die Salutogenese einen Perspektivwechsel vor: weg von der Erklärung von Krankheit, hin zur Erklärung von Gesundheit. Wie gelingt es Menschen, gesund zu bleiben in Anbetracht der Allgegenwärtigkeit pathogener Einflüsse und der Vielzahl an Risikofaktoren?

Antonovsky fasst die Grundannahmen der salutogenetischen Denkweise selbst in seiner Flussmetapher zusammen:

„… meine fundamentale philosophische Annahme ist, dass der Fluss der Strom des Lebens ist. Niemand geht sicher am Ufer entlang. Darüber hinaus ist für mich klar, dass ein Großteil des Flusses sowohl im wörtlichen wie auch im übertragenen Sinne verschmutzt ist. Es gibt Gabelungen im Fluss, die zu leichten Strömungen oder in gefährliche Stromschnellen und Strudel führen. Meine Arbeit ist der Auseinandersetzung mit folgender Frage gewidmet: Wie wird man, wo immer man sich in dem Fluss befindet, dessen Natur von historischen, soziokulturellen und physikalischen Umweltbedingungen bestimmt wird, ein guter Schwimmer?" (Antonovsky 1997, S. 92)

Die Metapher verdeutlicht, dass wir ständig einer Flut von Stimuli ausgesetzt sind, die von uns Anpassungsleistungen erfordern. Wir müssen ständig schwimmen, ganz egal ob der Fluss verschmutzt ist und unabhängig davon, ob der

Strom des Lebens ruhig fließt oder seine Stromschnellen nach uns „auswirft". Daher macht sich die Salutogenese nicht die Beseitigung des Permanenten zur Aufgabe,
indem sie nach der allheilenden Wunderwaffe sucht. Sie
konzentriert sich vielmehr auf die im Menschen vorhandenen Ressourcen, die die Anpassung an die Umgebung
unterstützen, aus der beständig Stressoren auf uns herein-
prasseln.

## Generalisierte Widerstandsressourcen

Diese Ressourcen nennt Antonovsky generalisierte Widerstandsressourcen: Ressourcen, welche in Situationen aller
Art zur Unterstützung der Bewältigung von Stressoren
und das durch sie hervorgerufene Spannungserleben eingesetzt werden können. „Generalisiert" impliziert ihre
Wirksamkeit in Situationen aller Art; „Widerstand" steht
dafür, dass diese Ressourcen die Widerstandsfähigkeit
einer Person erhöhen. Generalisierte Widerstandsfaktoren
führen weg von der Überzeugung, dass das Leben sowieso
schon immer ungerecht war und bleiben wird und hin zu
dem Selbstvertrauen, dass ich über eine Vielzahl von pas-
senden Ressourcen verfüge oder sie mir aneignen kann,
um die sich mir stellenden Anforderungen zu bewältigen.
Sie bilden die Basis für die Ausbildung eines starken Kohärenzgefühls.

## Das Kohärenzgefühl

setzt sich aus drei Gefühlskomponenten zusammen, durch
die der Mensch die Kraft der salutogenen Ressourcen aktiviert:

### 1. Verstehbarkeit

Die Verstehbarkeit von Situationen und Ereignis-
sen bezieht sich auf das Maß, in dem ein Mensch sein
Leben als überschaubar, erklärbar und geordnet ansieht.

## 2. Handhabbarkeit

Die Handhabbarkeit bedeutet, schwierige Situationen meistern zu können und ihnen nicht ausgeliefert zu sein. Sie beschreibt das Maß der Überzeugung, mit den alltäglichen Anforderungen mittels geeigneter Ressourcen zurechtzukommen.

## 3. Bedeutsamkeit

Die Bedeutsamkeit oder auch Sinnhaftigkeit von erlebten Situationen ist darauf zurückzuführen, wie sinnvoll das eigene Leben in Bereichen oder gänzlich empfunden wird und umfasst die Haltung, dass Engagement und Anstrengung diesbezüglich lohnenswert sind.

Die drei Komponenten sind einzeln erklärbar, doch immer irgendwie verknüpft: Ist eine Situation verständlich, fördert dies das Gefühl von Handhabbarkeit: die Überzeugung, Einfluss auf eine Situation nehmen zu können, sodass assimilative Prozesse, also die eigenen Lebens- und Entwicklungsumstände selbst zu gestalten, wahrscheinlicher werden. Die Bedeutsamkeitskomponente zeigt, dass wenigstens einige der vom Leben gestellten Probleme und Anforderungen es wert sind, Energie in sie zu investieren. Doch befördert ein starkes Kohärenzgefühl auch die dynamische Anpassungsfähigkeit, wenn die Ressourcen erschöpft sind und eine weitere Zielannäherung nicht mehr wahrscheinlich ist. Verfügt ein Mensch darüber, ist er in der Lage, bei Auftreten von Belastungssituationen die erforderlichen Maßnahmen zu ergreifen, indem er Widerstandsressourcen aktiviert, um sie mit deren Hilfe zu bewältigen (Bengel et al. 2001).

Antonovsky versteht das Kohärenzgefühl als eine Hauptdeterminante dafür, welche Position ein Individuum auf dem Gesundheits-Krankheits-Kontinuum erhält.

Nein, Sie sind nun nicht in Star Treck gelandet – obwohl ich zugebe, ein Treckie zu sein, und dass mich das

Raum-Zeit-Kontinuum seit meiner Kindheit fasziniert. Doch ist es in der Relativitätstheorie verankert, und die zu verstehen, ist mir als einer absoluten Nichtmathematikerin leider nicht gegeben. Aber – dass eine stabile dispositionale Einstellung einer Person, mit der sie die Welt und das Leben in ihr als kohärent erlebt, gesundheitsfördernd wirkt – das verstehe ich! Und empfinde es als so wichtig zur Stressprävention, dass ich es zum Herzstück meines Buches mache: Umgehe nicht den Stress, sondern lerne, mit ihm umzugehen.

### How dangerous is *our* river? How well can we swim?

Im pathogenetischen Paradigma werden Stressoren, ähnlich wie Risikofaktoren und Krankheitserreger, von vornherein als gesundungsschädigende Einflüsse verstanden, die es zu meiden oder zu beseitigen gilt. In der Salutogenese sind sie zunächst Anforderungen an den Organismus, auf die er keine sofort verfügbaren oder automatisch adaptiven Reaktionen hat. Die Folgen von Stressoren müssen deshalb nicht zwingend pathogen wirken, sondern können sogar die Gesundheit fördern. Denn Stressoren sind nun mal allgegenwärtig und unterschiedlich ausgeprägt wie die schon zitierten „Gabelungen im Fluss, die zu leichten Strömungen oder in gefährliche Stromschnellen und Strudel führen." Die Zwillingsfrage ist: Wie gefährlich ist *unser* Fluss? Wie gut können wir schwimmen (Antonovsky 1996a)? Er unterstützt damit das Konzept, Stress als relative Variable anzusehen und fügt ihm eine griffige Ressource hinzu, die dazu befähigt, folgendermaßen „Widerstand zu leisten":

Das durch einen Stressor verursachte Problem hat nach Antonovsky eine instrumentelle und eine emotionale Seite. Menschen mit einem starken Kohärenzgefühl richten ihre Aufmerksamkeit eher auf den instrumentellen

Anteil des Problems. Sie betrachten die Anforderung als Herausforderung und suchen nach Lösungsmöglichkeiten, die sie zur Verstehbarkeit und Handhabkeit der Situation führen. Darüber hinaus können diese Personen Anforderungen klarer und spezifischer sehen und sind handlungsorientierter, weil sie nicht durch diffuse Emotionen paralysiert werden. Das große Vertrauen in die eigene Effektivität in der Stressbewältigung ermutigt dazu, die eigenen Bewältigungsbemühungen ständig zu überprüfen und ggf. zu verändern, wenn sie nicht zum Erfolg führen. Das Kohärenzgefühl wird so zu einer eigenen Widerstandsressource und beeinflusst den Selbstregulationsprozess im Umgang mit Stressoren, indem es aktiv problemlösende Verhaltensweisen begünstigt.

Für alle generalisierten Widerstandsressourcen gilt, dass sie den Stressfaktoren eine „Bedeutung" erteilen. Hier sind wir wieder beim schon bekannten Copingprozess des Transaktionalen Stressmodells. In ihm werden Stressoren zunächst als wertneutrale Stimuli verstanden, auf die es keine unmittelbar verfügbaren automatischen Adaptionen gibt. Wenn ein Stimulus das Gehirn des Menschen erreicht, kommt es zu einem Bewertungsprozess, in den das Kohärenzgefühl involviert ist. Je mehr generalisierte Widerstandsressourcen einer Person zur Verfügung stehen, desto häufiger kann sie Stressoren effektiv begegnen, indem sie ihnen keine oder nur eine geringe Bedeutung beimisst. Personen mit starkem Kohärenzsinn sind eher geneigt, Reize erst gar nicht als Stressor zu klassifizieren, sondern als wertneutrale Stimuli zu verstehen oder sie als positive Herausforderung denn als Bedrohung zu deuten. Diese primären Bewertungsprozesse bewirken an sich bereits Spannungsreduktion. Nichts ist in Stein gemeißelt, wenn ich verstehe worum es geht – allerdings ramme ich mir auch nicht völlig umsonst den Kopf durch die Wand.

## b) Die Entwicklungsfähigkeit des Kohärenzgefühls

Die einzelnen Komponenten und damit das Kohärenzgefühl als Ganzes entstehen natürlich nicht über Nacht. Es sind Entwicklungsschritte zu durchlaufen, vom Säugling über die Kindheit, die Adoleszenz bis hin ins Erwachsenenalter. Und dann? Was ist, wenn ich aus meiner Kindheit nicht als kohärenter Mensch hervorgegangen bin? Besteht noch Hoffnung? Lässt sich diese besondere Widerstandskraft erlernen? Kann man Kohärenz trainieren? Am besten noch zusammen mit Resilienz? Jein.

Antonovsky selbst ging davon aus, dass sich das Kohärenzgefühl ungefähr bis zum 30. Lebensjahr entwickelt und dann stabil bleibt. Wie stark es ausgeprägt sei, hinge davon ab, welche Erfahrungen der Einzelne in seinem Leben mit Konsistenz, Belastung und Wertschätzung mache (Antonovsky 1996a, S. 15).

Das würde bedeuten: Man hat es oder man hat es nicht. Und für die, die es haben, macht es nicht viel Sinn es vorzustellen, da diese Menschen sowieso bereits aus sich selbst heraus davon profitieren. Es befriedigte höchstens deren Motivation nach Lernen von Wissen, so sie diese Motivation denn besäßen. Andererseits hätte es für sie den faden Beigeschmack des Konstanten im Sinne von Stillstand: Rüstzeug, mehr oder weniger stark, mit dem dann ein Leben lang auszukommen ist. Ein Geschenk, das man ohne eigenes Zutun erlangt hat und das gleichzeitig eine Gewissheit von Beliebigkeit in sich birgt.

Aber was, wenn er sich geirrt hätte? Wenn sich das Kohärenzgefühl stärken, ja sogar von einem gewissen Grund an aufbauen ließe? Dann würde aus einem gedanklichen Konstrukt ein in die Praxis übertragenes, äußerst effektives Tool zur eigenen Weiterentwicklung. Glücklicherweise wurden dazu Studien erstellt, die zeigen, dass sich das Kohärenzgefühl tatsächlich weiterentwickeln lässt.

Ulrich Wiesmann, Traumatherapeut an der Universität Greifswald, bringt es auf den Punkt:

„In unserer Studie gelang es gesunden Senioren, ihr Kohärenzgefühl durch Ausdauer- und Krafttraining, Yoga und Meditation signifikant zu steigern. Parallel dazu verbesserten sich das allgemeine und das körperliche Wohlbefinden und die psychische Gesundheit und wichtige Ressourcen wie die Selbstwirksamkeit und das Selbstwertgefühl wurden gestärkt. Die Patienten lernten vor allem, Ressourcen zu identifizieren, aus denen sie Kraft schöpfen können." (DocCheck 2014)

**Die Komponenten des Kohärenzgefühls fördern**
Voraussetzungen:

1. Die drei Komponenten beeinflussen sich gegenseitig und sind mal mehr und mal weniger stark ausgeprägt, aber bilden zusammengenommen eine Kraft und sind unauflöslich miteinander verbunden.
2. Erfolgreiches Coping hängt vom Kohärenzgefühl als Ganzem ab. Doch können in bestimmten – sowohl kurzfristigen als auch länger andauernden Situationen – entsprechende Erfahrungen für höhere Werte bei der einen und für niedrigere bei der anderen Kohärenzkomponente sorgen.
3. Am wichtigsten ist die Motivation zum Engagement, also die Bedeutsamkeit. Nur engagierte Menschen können an Ressourcen und an Verstehen gewinnen. Deshalb braucht es ein hohes Maß davon, um auch langfristig ein hohes Potenzial an Verstehbarkeit und Handhabbarkeit zu ermöglichen.
4. Die Ausgangsbasis, um ein schwaches Kohärenzgefühl zu stärken, ist die Selbstreflexion.

5. Außerdem: Supportstrukturen, um bedeutsame und kohärente Erfahrungen zu machen, die die Bewältigung des erlebten Spannungszustands unterstützen helfen.

6. Ebenso ist dem individuellen Bedürfnis nach Sinnhaftigkeit und Verstehbarkeit Rechnung zu tragen, indem die Irritationserfahrungen reflexiv zugänglich gemacht werden und Lernende verstehen, warum sie sich unsicher, irritiert oder bedroht gefühlt haben.

## Die Verstehbarkeit

### Entwicklung

Die Verstehbarkeitskomponente ist die kognitive Ebene des Kohärenzgefühls. Sie wird im Kindes- und im Jugendalter hauptsächlich durch konsistente Erfahrungen gefördert. Dadurch entsteht das Vertrauen, dass zukünftige Stimuli nahezu vorhersehbar sein werden. Sollten sie doch mal überraschend auftreten, existiert die feste Zuversicht, dass diese Stimuli richtig eingeordnet und erklärt werden können.

### Weiterentwicklung

Auch im Erwachsenenalter ist es noch möglich, Vorhersehbarkeit und Konsistenz zu erleben und damit zu verinnerlichen. Die unterschiedlichen Rollen, die man im Leben einnimmt, können da jeweilige Ansatzpunkte liefern. Ganz wichtig sind verstehbarkeitsfördernde und konsistente Erfahrungen jedweder Art. Sei es im privaten (Beziehungs-)Bereich oder auf beruflicher Ebene. Am Arbeitsplatz zählt dazu, dass die eingenommene Position eindeutig definiert ist, man sich seines Aufgabenbereiches also sicher ist. Nur so lässt sich normalerweise ein sehr komplexes Arbeitsgebiet auch beherrschen, und tut man es, wirkt es sich wiederum positiv auf die

Verstehbarkeitskomponente aus. Das bedeutet, so sie denn nicht vorhanden ist: Sorgen Sie für Struktur.

Konsistenz ist auch in den unterschiedlichsten Gruppen erfahrbar, sofern es dort eine einheitliche Kommunikation und ein verständliches Beziehungsgeflecht gibt. Hat man die Wichtigkeit der Verstehbarkeitskomponente verstanden, ist auch vorstellbar, dass man eine Vorreiterrolle einnimmt und sich im Rahmen der Gruppendynamik um ein verständliche(ere)s Beziehungsgeflecht kümmert.

Das heißt, neben der Grunderfahrung von bereits etablierter und sozusagen entgegenkommender Konsistenz, ist das Erleben und Internalisieren von Verstehbarkeit möglich, wenn es gelingt, bei einer Konfrontation mit neuen komplexen Sachzusammenhängen offen dafür zu sein, diese zu begreifen und richtig einzuordnen. Statt in Selbstzweifel oder gar Panik zu verfallen, den Erwerb neuen Wissens angehen oder die Hilfe anderer Menschen einholen. Diese neuen, als geordnet und strukturiert wahrgenommenen Informationen geben dann ein neues Stück „eine[r] Landkarte, die das Vertrauen schafft, dass Landkarten leicht zu lesen sind" (Antonovsky 1997, S. 110).

## Die Handhabbarkeit

### Entwicklung

Die pragmatische Ebene des Kohärenzgefühls, die Handhabbarkeit, wächst durch die Erfahrung von Belastungsbalance. Das meint den erlebten Ausgleich zwischen Überforderung und Unterforderung. Menschen mit einem hohen Potenzial an Handhabbarkeit werden sich durch schwierige Ereignisse nicht in eine Opferrolle gedrängt oder ungerecht behandelt fühlen und endlos trauern, sondern können mit problematischen Situationen umgehen.

**Weiterentwicklung**

Für das Fördern im Erwachsenenalter kommt es im beruflichen Kontext auf wiederholte Arbeitserfahrungen an, die den eigenen Möglichkeiten bereits entsprechen oder bei denen angemessene soziale und/oder organisatorische Ressourcen zur Verfügung stehen, die die Arbeit beherrschbar machen. Für das Empfinden der Handhabbarkeit ist schon alleine das bewusste Wahrnehmen von Belastungssituationen wichtig. Treten sie nur gelegentlich auf, kann man neben der Ressourcenaktivierung auch nach Möglichkeiten suchen, sich zurückzuziehen und neue Energie zu tanken.

Auf der anderen Seite ist es für die Entwicklung einer Zuversicht in die Handhabbarkeit ebenso wichtig, chronische Unterforderung zu vermeiden. Im Leben ständig unterfordert zu sein oder nur selten dazu aufgefordert zu werden, Fähigkeiten anzuwenden oder die gegebenen Möglichkeiten auszubauen, ist genauso ungünstig wie die permanente Erfahrung, Anforderungen nicht gewachsen zu sein. Eindimensionale und monotone Aufgaben können kein Vertrauen wecken, dass „die Welt" handhabbar ist.

**Die Bedeutsamkeit**

**Entwicklung**

Das motivationale Element des Kohärenzgefühls, die Bedeutsamkeit, bewirkt, auch belastenden Anforderungen eine Bedeutung beimessen zu können und sie eher als Herausforderung denn als Belastung anzunehmen. Es baut sich im Idealfall als positive Selbstüberzeugung „ich bin wichtig und bedeutsam" im Kindesalter auf. Die Vermittlung von Geborgenheit ist eines der wichtigsten Stabilitätsanker- und -pfeiler. Dazu gehört nicht nur Fürsorge, sondern auch das Vertrauen in die bereits vorhandene Kompetenz eines Kindes, ohne dass wir es ständig durch eigene „erwachsene und erfahrene" ängstliche Impulse hemmen; die Wahrnehmung des Kindes als Person, die gesehen, gehört und an gewissen (Entscheidungs-)Prozessen beteiligt wird; die kundgetane Wertschätzung von Äußerungen des Kindes durch die Bezugspersonen und eine direkte, meistens positive Reaktion darauf, sodass es eine innere Überzeugung eigener Bedeutsamkeit sowie der des Lebens allgemein entwickeln kann.

## Weiterentwicklung

Die Gewissheit, als Person wichtig zu sein und partizipativ und kontinuierlich an Entscheidungsprozessen beteiligt zu werden, ist denn auch für Erwachsene, die an dieser Kohärenzkomponente arbeiten möchten, der wichtigste Aspekt. Dieses Erfahrungsfeld ist umso gewichtiger, als sie Teil von sozial anerkannten Aktivitäten im Rahmen des jeweiligen Lebensumfeldes sind. Deren Bedeutung ist ein wichtiger Grad für die eingesetzte Energie und das Engagement und unter dem Strich für die daraus resultierende Bedeutungsschöpfung. Bleiben wir beim Beispiel der Arbeit, so muss die Quelle für deren Wahrnehmung als bedeutsam, nicht zwingend das Gefühl von Selbstverwirklichung sein. Der reine Existenzsicherungsaspekt kann durchaus so gewichtig wie sinnvoll empfunden werden. Erlebt ein Mensch seine Umgebung umgekehrt ständig als ihn fremdbestimmend und unabhängig von seinen Anteilen, wird im schlechtesten Fall die Welt für ihn ohne Bedeutung und weitgehend als Last wahrgenommen. Wer keinen Sinn in seinen Lebensfeldern sieht, für den macht es auch immer weniger Sinn, sich den vom Leben gestellten Problemen zu stellen.

## Fazit

Damit als Erwachsener ein Kohärenzgefühl innerer Stimmigkeit empfunden werden kann, ist nicht erforderlich, dass der Mensch seine gesamte Umwelt und sein ganzes Leben als überschaubar, handhabbar und bedeutsam wahrnimmt. Es handelt sich vielmehr um eine Orientierung, die sich in den Lebensbereichen auswirkt, die für eine Person von Bedeutung sind. Denn Menschen grenzen ihre Umwelt in Bereiche ein, die ihnen wichtig sind. Was sich außerhalb dieser Bereiche abspielt, interessiert sie kaum – auch wenn sie die Ereignisse dort als verstehbar, handhabbar oder bedeutsam erleben. Manche Menschen setzen ihre Grenzen grundsätzlich weiter, andere wiederum eher enger. Darüber hinaus erfordern unterschiedliche Lebenssituationen, dass der Mensch Grenzen der bedeutsamen Umwelt temporär enger setzen muss, um Anforderungen besser verstehen und handhaben zu können. Diese Grenzen können dann wieder weiter gesteckt werden, sobald die Erweiterung der persönlichen Umwelt um neue wichtige Lebensfelder sinnvoll wird. Sowohl die vorübergehende Beschränkung der persönlichen Umwelt auf das Wesentliche, zur besseren Verstehbarkeit und Handhabbarkeit der Lebenssituation, als auch die Bereicherung des Lebens um neue sinngebende Dimensionen, stärken bei gekonnter Handhabe das Kohärenzgefühl.

Es geht also. Warum dann mein „Jein" vorhin?

Oberflächlich betrachtet kann es grundsätzlich funktionieren. Um diesen Effekt aber nachhaltig zu initiieren, müssen wir ein wenig tiefer gehend ergründen, wie das Lernen im Erwachsenenalter vonstattengeht. Denn es gibt eine dunkle Seite der Macht der Gewohnheit, die die Menschen davon abzuhalten versucht, sich zu verändern: Für die überwiegende Zahl der Menschen besitzt ein „Weitermachen wie bisher" einen hohen Belohnungswert. Weshalb mein „Jein" sogar noch ziemlich optimistisch formuliert war. Schuld daran sind die Basalganglien …

## 6.1.2  Exkurs: Wie lernen Erwachsene?

Die Analphabeten des 21. Jahrhunderts werden nicht die
sein, die nicht lesen und schreiben können, sondern die, die
nicht fähig sind zu lernen, zu verlernen und neu zu lernen.
Alvin Toffler

Menschen bilden im Laufe ihres Lebens durch eine Vielzahl von Erfahrungen eine einzigartige Persönlichkeit aus,
der ein spezifisches Muster an Emotions-, und Handlungsschemata zugrunde liegt. Die im Kindesalter entwickelte Persönlichkeit verstetigt natürlich das Verhalten als
Erwachsener, und der lebt normalerweise die Deutungsho-
heit über sein Selbst. Er ist mit seiner Identität verwoben
und hat diese über einen langen Zeitraum auf ihre Funkti-
onalität und Kontinuität hin geprüft, was sich in der Regel
zu festen Deutungsschemata verdichtet hat. Aber – muss
das so sein bzw. so bleiben?

**„Menschen ändern sich nur über Krise"**
Wir können ein Leben lang lernen und uns Sachwissen
aneignen. Das ist unbestritten. Wirklich tief gehende Lern-
konzepte für Erwachsene, die über die reine Wissens(fort)
bildung hinaus gehen und die Wesensfortbildung im Visier
haben, sind jedoch nicht sehr vielfältig, wenn der exorbitant
wachsende Markt an Coaches auch eine andere Sprache zu
suggerieren versucht. Aber eines ist allen gemeinsam: Als
Ausgangspunkt für einen tief greifenden Lernprozess, der
auf die Persönlichkeit wirkt, wird ein kritisches Ereignis
bzw. eine kognitive und/oder emotionale Irritation angesehen. Der lapidare Spruch: „Menschen ändern sich nicht,
es sei denn durch eine Krise", ist Ihnen vielleicht schon
begegnet. Und da ist sehr viel Wahres dran. Dem liegt die

Erkenntnis zugrunde, dass (fast nur) über Dilemmataerfahrungen Lernprozesse ausgelöst werden, die zu einer nachhaltigen Umgestaltung von kognitiven und emotionalen Schemata und Perspektiven führen – können. Dieses Bewusstsein fußt darauf, dass wir ein Gehirnareal haben, in dem unsere Routinen abgespeichert werden: die Basalganglien. Und die sind dafür verantwortlich, dass wir bei gewohnheitsmäßigen Handlungen nicht mehr bewusst überlegen müssen (Roth 2016). Das ist sowieso super, weil es ein Gefühl von Sicherheit vermittelt, doch sorgt diese Gehirnregion zusätzlich durch die Ausschüttung von Belohnungsopioiden für alles Bekannte für ein noch größeres Wohlbefinden. Das Gehirn will Effekte, die als emotional positiv bewertet wurden, welche, das sind ist ihm prinzipiell gleichgültig (Birbaumer und Zittlau 2014). Weshalb sich jede Veränderungsabsicht einen heftigen Kampf gegen das wunderbare intrinsische Belohnungsszenario des „Weiter so ist ziemlich geil" liefern muss. Damit nicht genug: Dieser Kuschelkurs der Basalganglien mit unseren Routinen ist auch noch ziemlich gut „getarnt" und unserem bewussten Willen nur schwer zugänglich (Grawe 2004). Einfach so mal eben darauf zugreifen und den Hahn abdrehen, funktioniert nicht. Doch wenn auch die Instinkte, die unser Verhalten steuern, noch genauso wie vor zigtausenden Jahren funktionieren: Der Unterschied von uns zu dem Homo Sapiens ist: Wir wissen heute nicht nur, dass dem so ist, wir wissen auch, wie es zu ändern wäre.

Einen Glaubenssatz von diesen tief vergrabenen Mechanismen zu entkoppeln, ist schwierig. Aber wenn der Leidensdruck erst mal hoch genug ist und die in Aussicht stehenden Veränderungen einen so deutlich positiven Effekt erzielen, dass der Belohnungseffekt des „weiter wie bisher" ausgehebelt wird (Roth 2016), kann es gehen. Daher hat der „Krisenspruch" seine Berechtigung. Zumindest grundsätzlich.

**Veränderungsprozesse bedeuten Arbeit**

Befinden Sie sich gerade in einer Krise? Kurz vor einem Burnout oder Sie sind seiner gerade nochmal eben so entflohen? Dann liegt darin auch eine Chance. Nicht nur, weil Sie sich auf die Suche nach einem Anti-Stress-Trainer begeben haben oder man ihn Ihnen vielleicht geschenkt hat, sondern weil in jeder Krise enorme Chancen stecken. Gerade die nun vorhandenen instabilen Spannungsverhältnisse müssen nicht in eine instabile lange Phase münden, sondern können die Möglichkeit eröffnen, in neue, konstruktive und positive Muster überzugehen. Zweimal „können" in kürzester Zeit ist entweder ein stilistischer Fehlgriff meinerseits oder ein Hinweis darauf, dass kaum etwas daran automatisiert abläuft. Es bleibt Arbeit.

Dafür gilt es, eine bewusste und zielgerichtete Analyse der durchlaufenden Vorgänge vorzunehmen: Was hätte wie besser laufen können? Was kann ich daraus lernen, sodass eine Wiederholung unwahrscheinlich wird? Welche Einflussgrößen machen den Unterschied aus? Und so weiter. Eine Krise bedeutet die Störung des alten empfundenen Gleichgewichts, doch nutzt man sie zur Wesensfortbildung, führt sie durch den Akt der Bedeutungsschöpfung zu einem neuen. Dadurch spielen Krisen eine so enorm wichtige Rolle im Leben: Sie bergen die Gefahr, etwas Vertrautes zu verlieren, öffnen aber auch den Weg dafür, etwas Neues zu gewinnen. Diese Entwicklung kann weh tun, und auch deshalb fängt sie kaum jemand freiwillig oder augenscheinlich ohne Grund an. Es braucht ein Dilemma. Schäffter nennt dies: die „Irritation als Lernanlass" (Schäffter 1997).

Umgekehrt wird jedoch kein Schuh daraus, das heißt, die nachhaltige Entwicklung von Wissen und Kompetenzerweiterung wird zwar wesentlich durch Differenzerfahrungen angeregt, doch führt nicht jede Form der Irritation bereits automatisch zu nachhaltigem Lernen.

Im Gegenteil: Die lernförderliche Verarbeitung von Irritationen funktioniert umso besser, je stabiler die bisherige Lebens- und Lerngeschichte ein gut ausgebildetes Kohärenzgefühl hervorgebracht hat. Und da – beißt sich ja nun die Katze in den Schwanz. Blöd.

Doch ich sage: Warum hier stehenbleiben? Natürlich haben es all jene besser, die bereits in gesunden Strukturen aufgewachsen sind und vom Urvertrauen an auf eine Menge an „Supporterfahrungen" ihres Elternhauses zurückblicken können und sie verinnerlicht haben. Doch geht es im Leben ja eher selten um automatisiert anspringende Prozesse, sondern um Eigeninitiative. Jedenfalls, wenn es um Leistung geht. Und Lernen bedeutet, etwas zu leisten.

Aber, so werden Sie nun vielleicht einwenden: Warum sollte ein Mensch sich ohne akute Krisensituation oder andere Indikatoren berufen fühlen, einen nachhaltigen Lernprozess anzustoßen? Merken Sie was? Schwupps – da ist sie schon wieder, die dunkle Seite der Macht der Gewohnheit. Was sich einfach anhört – ist es keineswegs. Bleibt also keine andere Wahl, als auf eine wirklich vehemente Irritation zu warten, bis ich einen inneren Dialog, eine sogenannte Introspektion anstoße, die wiederum einen nachhaltigen Lernprozess in Gang bringen kann?

Für mich klingt das so, als sagte man einem Grundschulkind: Hör mal, ich habe gute Neuigkeiten, bis du nicht in die Situation kommst, mit mehr als hundert Euro einkaufen zu gehen, wirst du hier das Rechnen über diesen Zahlenraum hinaus auch nicht lernen (müssen). Sobald sich das mal in deinem Leben einstellt – komm her, sag es uns und wir zeigen dir dann, wie es geht. Gleiches gilt für Erdkunde und Fremdsprachen und evtl. zu bereisende Länder oder für Biologie und die Verhaltensforschung: Rotkäppchen, erzähl uns, wenn du deine erste Begegnung mit einem Wolf hattest, und wir erzählen dir dann, was du hättest tun müssen. Schade eigentlich. Das Rotkäppchen hätte sich angstvolle Stunden ersparen können.

**Wie weit kann die Wesensfortbildung für einen Erwachsenen gehen?**
Wie man einem Glaubenssatz oder stringenten Denkgewohnheiten an den Kragen gehen kann, wissen wir jetzt. Zumindest in der Theorie: Mit sehr viel Ambition, Enthusiasmus und Konsequenz. Aber – kann dieser Prozess auch wirklich tief greifende Veränderungen bewirken? Wer bislang dem Spruch: „Was Hänschen nicht lernt, lernt Hans nimmermehr" Bedeutung zugemessen hat, dürfte nicht sonderlich beharrlich daran gehen, sich zu überprüfen und an sich zu arbeiten, um sich weiterzuentwickeln. Es kann daher nicht schaden, ein Gefühl dafür zu bekommen, was wie im Erwachsenenalter noch möglich ist.

**a) Die Entwicklung des „Selbst"**
Was bedeutet „das Selbst"? Und vor allem: Wie „kommt" es dazu? Das Wörterbuch Psychologie hilft zunächst rein semantisch: Es handelt sich beim „Selbst" um „die Gesamtheit der psychischen Vorgänge eines Menschen. Der Begriff umfasst sowohl die bewussten als auch die unbewussten Anteile des Psychischen und bezeichnet die eigene Person in Gegenüberstellung zu den Objekten der äußeren Welt" (Großes Wörterbuch Psychologie 2004).

Dieses Selbst ist angelegt in uns, aber es braucht einen Rahmen. So wie unsere Entwicklung als Mensch immer nur kanalisiert ist und nicht „vorgespurt" wie bei einer Pflanze, wo aus einem Samenkorn eine immer nahezu identische Frucht heranwächst. Bei uns sind Leitplanken angelegt, die geben, aber brauchen auch gleichzeitig wieder einen bestimmten Rahmen (Renz-Polster 2012). Dabei setzt das emotionale Lernen viel früher ein als das kognitive Lernen (Roth 2016).

Der Harvard-Psychologe Robert Kegan schuf mit „Entwicklungsstufen des Selbst" (Kegan 1994) eine Entwicklungstheorie, die die Phasen des Wachstumsprozesses der emotionalen Verfestigung von Psyche und Persönlichkeit, transparent macht. Um Menschen in der Art, wie sie ihre Welt konstruieren, zu verstehen, müssen wir wissen, dass sie meistens gute Gründe für ihre Verhaltensweisen haben. Im Zentrum von Kegans Entwicklungsmodell steht deshalb die Frage, wie der Mensch als Sinnsuchender Bedeutung bildet. Dies sei ein Prozess, der sich in der Dialektik aus dem Wunsch nach Zugehörigkeit und Selbstständigkeit abspielt. Zwischen dem Drang zur Unabhängigkeit und dem Wunsch nach Zugehörigkeit hin- und herpendelnd käme der stärkste Antrieb zur Weiterentwicklung aus dem Individuum selbst (Kegan 1994).

Die Säuglings- und Kleinkindphase außer Acht lassend, gibt die nachfolgende Darstellung einen kurzen Abriss der Entwicklung der Bewusstseinsstufen (entlehnt: Binder 2016):

**Souveränes Selbst**
Ein Mensch auf dieser Stufe:

- ist vornehmlich durch seine eigenen Wünsche und Bedürfnisse bestimmt (Subjekt)
- muss seinen Impulsen (Objekt) nicht mehr sofort nachgehen
- hat gelernt, dass andere Menschen andere Meinungen und Gedanken haben, die getrennt von seinen sind
- kann sich allerdings nur schwer in die Lage anderer hineinversetzen und orientiert sich an seinen eigenen Interessen

**Zwischenmenschliches Selbst**
Ab dieser Stufe

- sieht ein Mensch andere nicht mehr nur als Mittel zur Befriedigung eigener Bedürfnisse
- reflektiert er diese und koordiniert sie mit den Interessen anderer
- hat er Meinungen, Erwartungen und Ansichten relevanter anderer Personen oder Bezugsgruppen verinnerlicht und ist in ihren Empfindungen von ihnen abhängig
- gibt es kein „Ich", das unabhängig von den Ansprüchen und Sichtweisen (relevanter) anderer existiert
  Insofern kommt ein Mensch auf dieser Stufe dann in Konflikt, wenn zwei relevante Bezugspersonen unterschiedliche Erwartungen an ihn stellen. Denn er verfügt noch über kein System, das diese von einer außenstehenden Position koordinieren kann.

**Institutionelles Selbst**
Erreicht ein Mensch diese Stufe, hat er zum ersten Mal ein stabiles „Ich" gebildet, das unabhängig von den Meinungen, Ansichten und Erwartungen anderer Personen existiert. Das „Ich" *ist* jetzt nicht mehr seine Beziehungen, sondern *hat* Beziehungen und kann sie daher von einem eigenen Standpunkt aus koordinieren. Es hat eigene Werte und Bezugssysteme entwickelt, anhand derer es seine Entscheidungen treffen kann. Die Begrenztheit dieses Selbstsystems liegt darin, dass das „Ich" seine eigene Bedeutungsbildung, das heißt, welchen Werten und Bezugsystemen es selbst unterliegt, kaum hinterfragt und auch nicht deren Begrenzung in Anwendung auf andere sieht.

**Überindividuelles Selbst**
Die Menschen, die diese Stufe erreichen, erkennen die Grenzen ihres eigenen inneren Systems, beziehungsweise die Grenzen, überhaupt mit einem identifiziert zu sein. Ihr eigenes Werte- und Bezugssystem ist nun auf der Objektseite und daher der Reflexion, Überprüfung und Steuerung

zugänglich. Sie sind nicht mehr mit irgendeinem System identifiziert, sondern in der Lage, ihr jeweiliges System zu hinterfragen, anzupassen oder aufzugeben, wenn ein Kontext etwas anderes sinnvoll erscheinen lässt. Wie auf der Stufe 3 (sozialisiertes Selbst) liegt bei dieser Stufe der Fokus auf der Beziehung zu anderen, allerdings auf einem strukturell anderen Niveau: Der große Unterschied besteht darin, dass wir es jetzt mit einem Selbst zu tun haben, das sich dem Anderen zuwenden kann, anstatt aus ihm hervorzugehen.

Die beschriebenen Stufen zeigen nicht nur immer komplexer werdende Strukturen des Selbst, sondern ermöglichen einem Menschen einen immer größer werdenden Freiheitsgrad. Dies hat auch emotionale Auswirkungen. Jeder weitere Schritt in der Entwicklung erlaubt es, Dinge gelassener zu sehen und zur Impulskontrolle zu kommen. Beides wichtige Komponenten in Verbindung mit Stressanforderungen.

Unser Selbst ist vor allem ein Prozess und nichts Statisches. Es ist vergleichbar einem Kreisel, dessen aufrechte Position durch die Rotation aufrechterhalten wird

(Loevinger 1976).

## b) Das Entwicklungspotenzial eines Erwachsenen

Seit Menschen über sich nachdenken, dürfte sich ihnen auch immer die Frage gestellt haben: Warum sind wir so unterschiedlich? Oder anders gefragt: so einzigartig. Aus der griechischen Philosophie sind uns bereits vertiefende Ansichten bekannt. So haben sich Platon und Aristoteles schon damit befasst, welche Prozesse die Persönlichkeitsentwicklung durchläuft und ob Persönlichkeitsmerkmale angeboren sind oder sich je nach umgebender sozialer Umweltbedingungen mehr oder weniger frei entfalten können. Die Persönlichkeitspsychologie des letzten Jahrhunderts hat insofern zu keiner einheitlichen Theorie gefunden, sondern eine Paradigmenvielfalt mit mehreren Kontroversen hervorgebracht, die teilweise bis heute nebeneinander bestehen.

Sie unterscheiden sich primär in der Frage, welche im Menschen angelegten Faktoren und/oder welche äußeren Einflüsse der sozialen Umwelt, wie Erziehung oder besondere Erlebnisse, letztendlich die Persönlichkeit prägen und wie diese Faktoren miteinander interagieren (Schneewind 2005a).

Das gegenwärtig gängigste Erklärungsmodell ist das der dynamischen Interaktion, auch (erneut) transaktionales Modell genannt: Anlage und Umwelt beeinflussen sich gegenseitig und die Struktur der individuellen Persönlichkeit entwickelt sich dabei systemisch und prozesshaft weiter (Herzberg 2014).

Das Leben eines Menschen ist danach kein geschlossenes System. Kegan sieht den Menschen selbst, ähnlich wie Loevinger, als eine Art spiralförmigen Prozess an, der sich in stetigem Wandel befindet. Zwar schwächt sich die Entwicklung mit dem Eintritt in das Erwachsenenalter ab und stabilisiert sich, doch bleibt sie nie gänzlich stehen.

**Individuation durch Interaktion**
Jeder Mensch bringt tatsächlich etwas relativ (denn absolut ist ja nur das Absolute) Manifestes mit auf die Welt: eine bestimmte Grundpersönlichkeit – das Temperament. Dies meint biologisch begründete Verhaltensweisen und emotionale Muster, die sich von Geburt an beobachten lassen. Die Persönlichkeit als komplexes Produkt bildet sich auf diesem Fundament im Rahmen der eben erörterten Stufen erst aufgrund persönlicher Erfahrungen und gesellschaftlicher Einflüsse heraus. So wie diese Individuation durch eine immer neue Aushandlung der Balance

zwischen Differenzierung und Integration geschieht, ist sie auch grundsätzlich ein interaktionistischer Prozess. Das heißt, dass Entwicklung eine aktive Auseinandersetzung des Menschen mit seiner Umwelt darstellt und nicht ein bloßer Reifungsprozess (wie etwa zur Geschlechtsreife) ist, der zu einem fixen Endpunkt führt. In jedem Alter können sich Menschen somit auf unterschiedlichen Stufen der Entwicklung des Selbst befinden. Und es bleibt die komplizierte Interaktion zwischen beidem – Anlage und Umwelt – die uns immer wieder zu dem macht, wer wir sind.

Die neuere Persönlichkeitspsychologie widerlegt denn auch den Hänschen-Spruch hartnäckig. Bis vor kurzem herrschte hier die Auffassung vor, dass der Charakter des Selbst mit etwa 30 Jahren manifest herangebildet wurde und sich dementsprechend im Laufe des Lebens bei jedem immer stärker stabilisiere. Längsschnittstudien der letzten Jahrzehnte haben jedoch aufgezeigt, dass die Persönlichkeit auch danach und während des gesamten Lebens veränderbar bleibt. Wir lernen nie aus! Beispielhaft genannt sei die Untersuchung von Wissenschaftlern der Freien Universität Berlin, der Universität zu Köln und der Utah State University auf Basis der Langzeitstudien „Sozio-ökonomisches Panel" (Specht 2014), die herausfanden, dass sich bis zum hohen Alter Persönlichkeitsmerkmale noch einmal ähnlich stark wie im jungen Erwachsenenalter verändern können, wenn daran gearbeitet wird. Die motivierte Verantwortungsübernahme, den eigenen Reifeprozess aktiv zu unterstützen und in der Persönlichkeitsentwicklung nie nachzulassen ist also ein guter konstruktiver Ansatz.

Zu diesem Paradigmenwechsel hat nicht nur die Humanistische Psychologie mit neuen Tests beigetragen, mit denen sich Veränderung besser messen lässt, sondern vor allem die Neurowissenschaften, die eine rasante

Entwicklung durchlaufen. „Nachdem noch bis vor wenigen Jahrzehnten die Überzeugung herrschte, dass ein Umbau der während der Hirnentwicklung einmal angelegten Verschaltungen im adulten Gehirn nicht mehr stattfindet, wissen wir heute, dass das Gehirn auch im Erwachsenenalter noch in hohem Maße zu struktureller Plastizität fähig ist." (Hüther 1997, S. 14)

Die bislang ermittelten neuronalen Grundlagen unseres Erlebens und Verhaltens bringen riesige Erkenntnisschritte zum Thema Neuroplastizität unseres Gehirns, die sich in ihrer Auswirkung auf die Selbststeuerung auch auf die Persönlichkeitsentwicklung beziehen (werden). Diese hier darzustellen sprengte den Rahmen. Wer sich damit näher befassen möchte, dem sei beispielhaft das Werk von Klaus Grawe „Neuropsychotherapie" empfohlen (Grawe 2004). Es stellt leicht lesbar vertiefende Einsichten eines Feldes dar, welches erst am Anfang eines noch enormen Fundus steht. Die Neurowissenschaften gehören zu den am schnellsten wachsenden Forschungsgebieten; jährlich erscheinen 60.000 Artikel. Weltweite Forschungsprojekte wie das „Human Brain Project" der EU mit einer Laufzeit von zehn Jahren und einem Budget von einer Milliarde Euro, das das menschliche Gehirn umfassend auf allen Ebenen in einem Computermodell nachbilden will (The Human Brain Project 2012), lassen Großes erahnen.

**Fazit**

Die menschliche Persönlichkeit ist nicht statisch. Entwicklungsprozesse lassen die Persönlichkeit kontinuierlich reifen und gelten nie ab einem gewissen Punkt abgeschlossen. Unsere Persönlichkeitsmerkmale werden also nicht im Kindesalter für das restliche Leben zementiert. Sie mögen zwar in der Regel über einen längeren Zeitraum relativ stabil sein, bleiben aber insgesamt intrinsisch wie extrinsisch beeinfluss- also veränderbar (Asendorpf 2005, S. 19; Bierhoff 2005, S. 461). Ein solcher Prozess kann sowohl stagnieren als auch kontinuierlich erfolgen und ist eher nicht an einem gewissen Punkt als abgeschlossen anzusehen (Schieffer 1998, S. 66–80). Ist die kognitive Flexibilität eines Erwachsenen im Vergleich zu jungen Menschen auch nicht mehr so ausgeprägt, so können sie doch auch noch bedeutende Veränderungen erreichen. Entsprechend ist das Entwicklungspotenzial eines Erwachsenen enorm. Er kann sich in jedem Moment, aber auch langfristig verändern.

Aber wie genau? Die biografischen Erfahrungen und die damit verbunden Erinnerungen und spezifischen Emotions-, Deutungs- und Handlungsschemata haben sich bei Erwachsenen stabilisiert und verfestigt. Will man als Erwachsener zum Aufbau neuer Kompetenzen kommen und sucht man persönliches Wachstum, braucht es ab einem gewissen Alter deshalb ein Bemühen um den Lernprozess: kritische Selbstprüfung, Geduld und die Neugierde auf die Fortschritte sowie die Toleranz gegenüber der Ungewissheit, welche Ergebnisse erzielt werden.

Kegan beschreibt das Lernen in Form von reiner Wissensaufnahme bildhaft sehr schön als In-Formation (Kegan 2000). Die „Menschenform" nimmt Themen und Aspekte in sich auf. Die Form verändert dies nicht. Dieses Buch zu lesen, und damit einiges an neuen Informationen wahr- und in sich aufzunehmen, ist klasse, aber immer nur ein erster Schritt. Entwicklung hat demgegenüber qualitative trans-formierende Wirkung. Die Einnahme einer neuen Entwicklungsstufe geht mit einer Umstrukturierung der menschlichen Form einher. Und das geht nicht über das reine Erfassen dieser Seiten – das ist mit Arbeit verbunden. Oder sagen wir besser: mit tätig werden. Und da werden wir es bei nachfolgendem Ansatz mit einer guten alten Bekannten zu tun bekommen, ohne die Reifeprozesse erfahrungsgeprägter Menschen nicht denkbar sind.

## c) Das Transformative Lernen

An der einzigartig ausgebildeten Persönlichkeit eines Erwachsenen ist also nicht leicht zu kratzen. Andererseits – sind wir doch erst im Erwachsenenalter überhaupt fähig, unsere Vorannahmen der prägenden Jahre zuvor zu überprüfen, die oft zu einer verzerrten Wahrnehmung der Realität führten. Weshalb ich eher diesen positiven Blick auf unser Weiterentwicklungspotenzial bevorzuge. Gleichwohl ist nicht jede Aktivität gleich Lernen.

Die meisten Lerntheorien gehen auch bei der Selbstveränderung von einem additiv translativen Verständnis von Lernen aus. Translation bedeutet eine Erweiterung von Wissen, von Know-how und Fähigkeiten. In erfolgreichen Lernprozessen soll bei den Lernenden neues Wissen zu bisherigen Wissensbeständen hinzugefügt werden, was zur horizontalen Erweiterung der Kompetenzen und zu neuen Erfahrungen und so zu veränderten Handlungsdispositionen beitragen kann (Gremmler-Fuhr 2006).

Sogar die Aneignung neuer Konzepte ist möglich. Ist dies auch stets mit Veränderungen im Gehirn verbunden (Roth 2016), bleibt die grundsätzliche Art der Auseinandersetzung eines Menschen mit sich und seiner Umwelt jedoch meistens unverändert. Sucht man für sich die persönliche Weiterentwicklung, sollte am Ende des Prozesses eine Hinterfragung gewisser Bedeutungsperspektiven in eine andere, differenziertere, also transformierte Sicht auf sich und die Welt stehen.

Transformation bedeutet vertikales Wachstum über Entwicklungsebenen hinweg. Die zentrale Methodik für die Transformation ist nicht der Wissenserwerb, sondern die Selbstreflexion und Innenschau. Ganz wichtig: Translation ist *nicht schlechter* als Transformation! Ohne translatives Wachstum gäbe es keinen Wissenszuwachs, keine Wissenschaft, keinen Wohlstand. Translation und Transformation sollten aber nicht gleichgesetzt oder verwechselt werden. Je nach Zielrichtung ist mal das eine, mal das andere angebracht.

## Transformatives Lernen nach Mezirow

Transformatives Lernen ist ein sozialer Prozess, in dem die Bedeutung einer Erfahrung für einen selbst an eine neue oder revidierte Interpretation angepasst und als Anhaltspunkt für weitere Handlungen genommen wird. Dieses Lernen durchläuft einen intensiven Prozess, in dem sich Erwachsene bewusst darüber werden, wie und warum sie Vorannahmen dazu bringen, dass sie so und nicht anders verstehen, wahrnehmen und fühlen (Mezirow und Associates 1990). Dieser Prozess hinterfragt Überzeugungen und Grundannahmen in Form kritischer Reflexion der eigenen Denkweise darüber, wie man aktuell seine Bedeutungen erlangt und seine Erfahrungen interpretiert. Bei dieser reflexiven Art des Denkens werden die Denkgewohnheiten und Bedeutungsperspektiven infrage gestellt, um sie zu verändern oder zu erweitern. Im Bewusstwerden der eigenen Vorannahmen können beispielsweise gewohnheitsmäßige, fest etablierte Erwartungshaltungen erschlossen und damit bisherige eigene Grenzen überwunden werden. Sichtweisen und Glaubenssätze, die sich über lange Zeit eingeprägt haben, können sich so – allen Basalganglien zum Trotz – verändern.

Entscheidend ist die Bewusstheit, wie wir zu unserem Wissen kommen, und so gut wie möglich herauszufinden, welche Werte uns zu dieser Perspektive führen. Die essenzielle Bedingung für transformatives Lernen ist die Fähigkeit, eine Perspektive einzunehmen, die über der eigenen liegt. Durch die reflexive Transformation der Bedeutungsschemata und -perspektiven wird Lernen zur Perspektiventransformation und so die Weiterentwicklung erreicht.

Auch Mezirow stellt dem transformativen Lernen eine Krise voraus. Danach formuliert er folgende Phasen:

1. Selbstprüfung mit Schuld- und Schamgefühlen
2. Kritische Bewertung der gesellschaftlichen oder psychischen Annahmen
3. Erkenntnis, dass die eigene Unzufriedenheit und der Transformationsprozess weit verbreitet sind und dass auch andere Personen eine ähnliche Veränderung bewältigt haben
4. Suche nach Optionen für neue Rollen, Beziehungen und Handlungen
5. Planung einer Handlungsweise
6. Aneignung von Wissen und Fähigkeiten zur Durchführung der eigenen Pläne
7. Ausprobieren neuer Rollen
8. Entwicklung von Fähigkeiten und Selbstvertrauen für neue Rollen und Beziehungen
9. Wiederaufnahme des eigenen Lebens aufgrund der von den neuen Perspektiven bestimmten Bedingungen

(Mezirow 1981, S. 7)

Vor allem am letzten Schritt sieht man: Hier muss es sich um ein verflixt schlimmes Dilemma gehandelt haben. Was beispielsweise Burnouterfahrungen ohne jeden Zweifel sind. Doch waren wir ja schon weiter und haben herausgearbeitet: Man muss, um sich weiterzuentwickeln nicht auf den Absturz warten. Oder anders formuliert: Prävention vor Resozialisierung.

So sind die Phasen im Einzelnen gar nicht so wichtig, die habe ich Ihnen nur der Vollständigkeit halber aufgeführt. Wichtig ist die Unterscheidung Mezirows der drei verschiedenen Formen der kritischen Selbstreflexion als wichtigstes Werkzeug des Transformativen Lernens, die sich auf

- den Inhalt (was gedacht, wahrgenommen und gefühlt wird)
- den Prozess (wie gehandelt und wie dieses Handeln wahrgenommen wird)
- die Prämissen (Vorannahmen: warum etwas so und nicht anders wahrgenommen wird)

beziehen (Mezirow 2012).

Die Reflexion der Prämissen ist dabei die umfassendste Form der Reflexion, da die Annahmen, wie die Welt gedeutet wird, hinterfragt werden. Vor allem die eigene Welt wird häufig aufgrund angeblich logischer Schlussfolgerungen skaliert, die eigentlich auf tief verborgenen inneren Konflikten beruhen. Entsprechend verlaufen die Interpretationen in immer gleichen beunruhigenden Mustern. Diesem Stresspunkt zu entkommen, gibt die neue Methode der Introvision einen Namen. Es werden nicht nur Symptome bearbeitet und eine kurzfristige Entspannung erreicht, sondern es werden die Ursachen von Stress, Anspannung und mentalen Blockaden aufgespürt und aufgelöst.

### 6.1.3 Komm zu Dir! – Die Lösung innerer Konflikte

Wir sehen die Dinge nicht wie sie sind, sondern wie wir sind.
Anais Nin

**a) Die Introvision – Methode der mentalen und emotionalen Selbstregulation**

Die Introvision setzt dort an, wo viele andere Selbstregulationsmethoden aufhören, weil innere Veränderung besonders schwerfällt oder gar nicht gesehen werden kann. So, wenn starke affektive Empfindungen eine starke Blockadehaltung aufgebaut haben. Oder wenn „das Selbst" gescheiterte Selbstregulationsversuche rund um permanente Selbstberuhigungsstrategien immer wieder damit kommentiert und beruhigt, es einfach nur nicht gut genug gemacht zu haben: *Beim nächsten Mal packe ich das!* Das ist jedoch nur situativ erfolgreich, denn die Gelassenheit ist spätestens beim nächsten Anlass wieder dahin. Die Anspannung bleibt latenter Gegenspieler und schichtet Selbstvorwurf auf Selbstvorwurf. Dieser kontraproduktive innere Druckverstärker wird dann zum Stressverursacher, statt ihn zu dimmen. Damit aufzuhören, sich innerlich anzutreiben und Befehle zu geben, und zu akzeptieren, was ist, verhindert zumindest neue Schichten von Versagensgefühlen. Aber – reicht das? Nein, natürlich nicht. Prof. Dr. Annika Wagner hat sich 30 Jahre damit befasst, wie aus diesem vordergründig passiven, antriebslosen Zustand ein konstruktiver Umgang mit Konflikten herstellbar ist, und veröffentlichte 2016 ihre Theorie und praktischen Anleitungen dazu. Die Introvision war geboren (Wagner et al. 2016).

**Das Ziel der Introvision**

Introvision bedeutet wörtlich: „Innenschau" und heißt, sich gedanklich unangenehmen Gefühlen so lange auszusetzen, bis sie ihren Schrecken verlieren.

Ziel der Introvision ist es, wieder klar denken und gelassen handeln zu können, weil innere Konflikte, mentale Blockaden und dysfunktionale Gewohnheiten von der Wurzel her aufgelöst und effektiv beendet wurden.

## Das Prinzip der Introvision

Unsere Selbstregulation basiert auf dem Zusammenspiel aller unserer inneren Stimmen zu eigenen und fremden Bedürfnissen, Gefühlen und Wertfindungsprozessen bei Entscheidungen. Dies ähnelt einem inneren demokratischen Prozess, der jedoch nicht immer unbedingt zielführend verläuft, wenn man ihn sich selbst überlässt. Die Introvision öffnet den Horizont für hilfreiche Strategien, um sich von blockierenden Glaubenssätzen und Denkprozessen, die diese inneren Prozesse unbewusst steuern, lösen zu können.

Diese strategischen Ressourcen weckt man durch die Veränderung der Wahrnehmung. Das ist kein völlig neuer Ansatz. Jeder, der sich bereits mit dem Thema sich vergaloppierender Gedanken (dysfunktionale Kognitionen), die hochkochende Emotionen auslösen, beschäftigt hat, wird Anleihen anderer Lösungsansätze erkennen. Doch dieses Modell bündelt sie, indem es vertiefend einen etwas anderen Fokus setzt: Der Ablauf basiert auf der These, dass Verhaltensänderung und Selbststeuerung besser gelingen, wenn wir nicht dauernd versuchen, in unsere mentalen Abläufe einzugreifen. Auf den ersten Blick ein Widerspruch. Aber auf den zweiten zeigt sich genau da der Unterschied zu vielen anderen Tools, die sich mit der Kunst der Selbstregulation befassen: Die eigenen Sorgen und Nöte nicht als Last zu sehen, die es zu bekämpfen gilt, sondern sie sehr aufmerksam und gelassen zu betrachten. Dabei hilft der zentrale praktische Ansatz des Modells: das **Prinzip des Konstatierend Aufmerksamen Wahrnehmens (KAW).**

**Kurz und knapp**
Es geht bei der Introvision darum

- per **Imperativanalyse**
- der **Imperativkette,**
- den **Kernimperativ** und die **Kernkognition**
- eines **inneren Konfliktes** herauszufinden, der von einem oder mehreren
- **subjektiven Imperativen** verdeckt ist, und in diesen dann gelassen hineinzuschauen, sodass er nicht weiter durch einen
- **Imperierungsprozess** überlagert, sondern von der Wurzel her mit Hilfe der
- **Subkognition,** im Rahmen eines
- **Deimperierungsprozesses,** aufgelöst werden kann.
- Das **KAW,** eine spezielle Form nicht-wertender Wahrnehmung, nutzt man für beide Schritte.

**1. Das theoretische Fundament**
Die Grundlage der Introvision bilden die Erkenntnisse aus der **Theorie der mentalen Introferenz (TMI).** Man könnte sie auch „übersetzen" mit: Theorie des „hineintragenden (introferenten) Eingreifens" in die eigenen mentalen Prozesse. Damit sind die geschilderten, sich überlagernden Denkprozesse und Konfliktvermeidungsstrategien gemeint. Zutreffende und stimmige Kognitionen werden unterdrückt und durch hineingetragene, subjektiv gesehen unstimmige Gefühle, Vorstellungen oder Gedanken „überschrieben". Überschreiben heißt, dass die hineingetragenen Kognitionen mit erhöhter Anspannung gekoppelt sind und so den eigenen mentalen Prozessen aufgedrängt, also imperiert werden. Ohne ein Bewusstsein für diese Vorgänge wird immer wieder an derselben Stelle gewohnheitsmäßig erneut eingegriffen.

**Das Was: Wie entsteht ein innerer Konflikt?**

Ein innerer Konflikt bedeutet Leiden. Er kann aus der Befürchtung heraus entstehen, dass etwas Unliebsames geschehen wird oder dass etwas nicht passiert, was unbedingt eintreffen sollte. Dies löst belastende, wiederkehrende, furchtsame, immer gleichlautende Gedankenschleifen aus. Sie manifestieren sich umso mehr, als das die Einflussmöglichkeit als gering oder zumindest problematisch gesehen wird. Die hohe quantitative Wertigkeit dieser Gedanken führt nicht zu rationaler Abhilfe, sondern sie werden vom Unterbewusstsein als Gefühl von Bedrängnis und Versagen immer wieder hervorgeholt. Sich im Kreis drehende Gedanken – „Denk-Knoten" – lösen nun ihrerseits einen Teufelskreis aus. Denn die starken Emotionen und teils sogar körperlichen Symptome verdrängen noch vorhandene konstruktive Gedanken irgendwann völlig. Leistung zu erbringen fällt immer schwerer – die klassische Selffulfilling Prophecy hat zugeschlagen.

Wird dieser Kreislauf nicht unterbrochen, verengt sich der Tunnelblick, und eine mentale Selbstregulation ist – im wahrsten Sinne des Wortes – nicht mehr denkbar. Dann packt der Verstand irgendwann aufgrund eines ungelösten Konfliktes seine Koffer und klares Denken ist gar nicht mehr möglich.

An **inneren Konflikten** ist immer mindestens ein sogenannter **subjektiver Imperativ** beteiligt. In ihm drückt sich per grammatikalischer Befehlsform eine Forderung aus, dass etwas in einem bestimmten Zusammenhang unbedingt geschehen muss oder in gar keinem Fall geschehen darf. Der Konflikt entsteht, wenn Gedanken oder Informationen auftauchen oder Situationen entstehen oder als solche gesehen oder umgedeutet werden, die den jeweiligen Imperativ bedrohen. Der eigene Erfahrungsmaßstab bahnt sich seinen Weg hin zur wahrgenommenen oder antizipierten Nichteinhaltung eines subjektiven Imperativs in Form von Glaubenssätzen, wie:

„Erfolg kommt von Fleiß!" oder Sollvorstellungen, die mit dem „Muss-darf-nicht-Syndrom" individuell gekoppelt sind: zugrunde liegende Vorstellungen, Ziele und Erwartungen, die subjektiv mit einem Gefühl von „muss" oder „darf nicht" verbunden sind.

Ein Imperativ könnte zum Beispiel sein „Ich muss für dieses Projekt unbedingt die Bestätigung durch meinen Vorgesetzten bekommen" oder „Ich darf unter gar keinen Umständen jemanden bei diesem Projekt um Rat fragen müssen". Das problematische an der Erteilung solcher Befehle an sich selbst ist, dass sie Energie binden. Denn diese Sollvorstellungen gehen einher mit:

- eingeengter Wahrnehmungsfähigkeit
- dem Gefühl von: Das muss tatsächlich so sein bzw. darf tatsächlich nicht so sein
- Alarmierung, Anspannung, Erregung, Dringlichkeit

Die Aufmerksamkeit, mit der man im Beispiel das Projekt ohne die einschränkende Wirkung der Muss-darf-nicht-Scheuklappen der Imperative bearbeitet hätte, ist verringert, weil enggestellt. Die so entstehende verengte Wahrnehmung macht alles noch dringlicher, und der Druck steigt.

Der Verstand macht sich nun daran, den inneren Konflikt zu beenden, indem er die – perfiderweise – eigenen geschaffenen bedrohlichen Gedanken irgendwie versucht zu verdrängen. Dieser Vorgang ist an sich eine simple Überlebensstrategie. Eine Art evolutionärer Notfallmechanismus, der den Menschen in bestimmten Situationen des drohenden Hängenbleibens seiner mentalen Abläufe schnell wieder handlungsfähig macht, um aus potenziell gefährlichen Situationen zügig herauszukommen. Heute wird dieses Eingreifen im Alltag jedoch in vielen Fällen zur automatisierten Gewohnheit und verursacht eher weitere Konflikte, als den letzten wahrgenommenen Konflikt zu heilen.

Was dabei herauskommt, sind Konfliktvermeidungsstrategien, Handlungsmuster, die ein Problem oder einen Konflikt umgehen, statt es oder ihn zu lösen. Sie werden dann wie gesagt manchmal mehrfach in die mentalen Prozesse hineingetragen und überlagern sich gegenseitig. Damit gaukeln wir unserer Wahrnehmung etwas vor – denn das, was wir ausblenden, existiert ja in der Realität immer noch. Der **Imperierungsprozess** ist in vollem Gange, und das führt zu folgenden möglichen Konfliktzuständen (Wagner et al. 2016):

- *Der Realitätskonflikt:* Situationen oder Informationen, in denen Erwartungshorizont und wahrgenommene Realität auseinanderklaffen
  Wenn die Wirklichkeit sich anders darstellt, als es sich die eigenen Anforderungen erhofft hatten und die Gedanken daraufhin in ein Karussell einsteigen, das ständig den gleichen inneren Fragenkatalog abruft: *„Wie konnte es nur passieren, dass ich in diesem Projekt nicht zur Zufriedenheit aller gearbeitet habe? Warum bin ich schon wieder gescheitert? Nun wird mir vermutlich nie wieder jemand eine Chance geben. Ich werde nie aufsteigen und Karriere machen. Ich werde vermutlich sogar entlassen, weil alle merken, was ich für ein Versager bin.“* Und so weiter. Das sind destruktive Gedanken, die nicht geeignet sind, wirklich nach Ursache und Wirkung zu forschen. Sie erzählen im Gegenteil die Geschichte immer schlimmer und verdecken die Wahrheit immer dichter. Die Erregung, Anspannung und Angst werden größer.
- *Der Imperativkonflikt:* zwei sich einander widersprechende Imperative werden aktiv und blockieren sich gegenseitig
  *„Ich muss die Bestätigung meines Umfeldes bekommen, wenn mir ein Projekt anvertraut wurde.“* Und: *„Ich darf*

*keine Bestätigung brauchen, wenn ich Projektleiter bleiben will, das wirkt inkompetent.* " Wie soll jemand, der sich in dieser gedanklichen Sackgasse befindet, effiziente Projektarbeit leisten können?

- *Der Undurchführbarkeitskonflikt:* Die imperative Vorstellung scheitert daran, dass die Ressourcen fehlen, um sie in die Tat umzusetzen, oder die Umstände dies gar nicht zulassen.

Man hat eine Projektleitung in kompletter Eigenverantwortung anvertraut bekommen, in der Zeit, in der der Vorgesetzte in Urlaub ist. Seine Bestätigung ist nicht einholbar.

- *Der Konfliktkonflikt: Angst vor der Angst*
*„Ich darf diesen Konflikt nicht haben! Ich habe schon so viele Projekte geleitet und immer noch suche ich die Bestätigung. Ich werde in diesem Projekt ganz bestimmt versagen, wenn ich schon wieder mit der Anspannung da reingehe …"* Wer glaubt, eine gewisse Angst gar nicht haben zu dürfen, sie aber dennoch spürt, steckt in einem stärkeren Dilemma, als nur von der Angst – in dem Fall: womöglich keine Bestätigung zu bekommen – besetzt zu sein. Die innere Bedrängnis wird vervielfacht.

Diese Konflikte bilden die Wurzel innerer Unruhezustände. Während der Zustand innerer Ruhe unseren mentalen Apparat in einem Zustand heiterer Gelassenheit belässt oder ihn in diesen versetzt, und mit Zufriedenheit, guten Gefühlen und in der Regel stabiler Leistungsfähigkeit verbunden ist, wird dieser Status Quo schon mit dem ersten hineintragenden Eingreifen verringert. Da reicht bereits ein: *„Das muss ich schaffen. Ich darf nicht scheitern."*

Sinn und Zweck der Introvision ist es, diese geschilderten automatisierten Abläufe zu beenden – und den betreffenden Konflikt von der Wurzel her mithilfe des KAW aufzulösen.

## Das Wie: Imperativanalyse durch das KAW

An dessen Anfang steht eine **Imperativanalyse:** an Imperative angekoppelte Emotionen und die jeweilige **Imperativkette** bis an ihren Anfangspunkt, den Kernimperativ, zurückzuverfolgen. Die Introvision geht davon aus, dass kleinere innere Konflikte auf eine tiefer liegende Kernproblematik hinweisen. Dr. Angelika Wagner nennt diese „das Auge des Sturms" (Wagner et al. 2016). Damit ist normalerweise ein fast windstiller Bereich gemeint, um den herum der Sturm wirbelt. Ein Konflikt sei damit vergleichbar: Das, was den Sturm entstehen lässt, die sich gegenseitig überlagernden Sollvorstellungen, ist ein bestimmter Kernimperativ, der mithilfe von Konfliktumgehungsstrategien, die wie auf einer (Imperativ)Kette aneinandergereiht sind, im Verborgenen liegt.

Ausgangspunkt der Imperativanalyse ist, das **KAW** speziell auf konfliktreiche Gedanken, Gefühle, Bilder etc. anzuwenden. Dieses gezielte Vorgehen ermöglicht es, der Spur der einzelnen subjektiven Imperative zu folgen, sie Schicht für Schicht abzutragen und ihre zusammenhängende Struktur bis zum Kern aufzudecken. Der offenbart, was das eigentlich Schlimme wäre, wenn die hineingetragenen Vorstellungen zuträfen.

## Deimperierprozess

Der nächste Schritt besteht dann darin, das „Imperativische" an den jeweiligen Zielvorstellungen oder Erwartungen aufzulösen, das heißt sie zu **deimperieren.** Dies geschieht, indem man sich einerseits dem Konfliktkern eine Weile, gegebenenfalls auch wiederholt, über das KAW nicht-wertend zuwendet. Und andererseits aktiv eine gültige, richtige **Subkognition** imperiert. Eine Subkognition ist die Erkenntnis, dass es möglich ist, dass das, was laut Sollvorstellung geschehen soll bzw. nicht eintreten darf, doch nicht passiert bzw. doch eintritt. Legt man diese mögliche Realitätsvorschau über die vorhandenen, hineingetragenen Kognitionen, werden die Schreckensszenarien von der automatisch verbundenen Anspannung entkoppelt, sodass die bis dahin angeeigneten Selbstschutz-Umgehungsstrategien nicht mehr notwendig sind.

**Beispiel**

Wir erinnern uns an den Projektleiter, dessen bewusste Imperative lauten: *„Ich muss für dieses Projekt unbedingt die Bestätigung durch meinen Vorgesetzten bekommen"* oder *„Ich darf unter gar keinen Umständen jemanden bei diesem Projekt um Rat fragen müssen".*

Seine Muss/darf-nicht-Sollvorstellung heißt: *„Ich muss Bestätigung anderer Menschen bekommen und darf nicht um Rat fragen müssen."*

Dahinter könnten Imperative stecken wie:

- *Ich muss alles alleine schaffen.*
- *Um mir gute Leistung anzurechnen, darf mir niemand geholfen haben.*
- *Wenn mir keine Anerkennung zuteilwird, darf ich nicht mit mir zufrieden sein.*
- *Wenn mir keine Anerkennung zuteilwird, ist das ein Zeichen dafür, dass man nicht mit mir zufrieden ist.*
- *Es darf nicht sein, dass ich ohne das Anspruchsdenken anderer Menschen arbeite.*
- *Wenn ich um Rat frage, zeigt das meine Inkompetenz.*
- *Solch ein Projekt wird mich sowieso überfordern.*
- *Ich tue doch schon, was ich kann, aber dauernd wird noch mehr von mir erwartet.*
- *Ich darf nur selbstbewusst sein, wenn ich mein Leben an anderen Menschen ausrichte, egal welche Ansprüche andere Menschen an mich richten.*

- *Ich kann mich anstrengen wie ich will.*
- *Ich leiste nicht genug.*
- *Ich bin nicht leistungsfähig.*

Hinter der vordergründigen Aufgeregtheit bezüglich des aktuellen Projektes stecken also ganz andere Imperative, die in Bezug zum gesamten Arbeitsprozess stehen und sich noch darüber hinaus auf Persönlichkeitsmerkmale erstrecken.

Der beispielsweise entdeckte Kernimperativ: *„Ich bin nicht leistungsfähig."* lautet in der konstatierenden Haltung der Introvision als Subkognition: *„Es kann sein, dass ich nicht leistungsfähig bin."* Dieser Satz wird im KAW ins Zentrum der Aufmerksamkeit gerückt, weil er Bestandteil des Bewusstseins ist, auch wenn diese Sorge überlagert wurde.

## 2. Das praktische Podest

### Konstatierend Aufmerksames Wahrnehmen (KAW)

Die Vorgänge um uns herum, ob Situationen oder Personen, so wahrzunehmen, wie sie sind und nicht danach, was dies für uns bedeutet oder bedeuten könnte: Dies ist eine Alternative zu der bewertenden Wahrnehmung, um den Gegebenheiten des Alltags akzeptierend zu begegnen. Automatisierte und unbewusst ablaufende Bewertungsmuster als schön, schlimm oder egal sollen künftig nicht abgespult, sondern die Eindrücke nur aufmerksam beobachtet werden. Ohne Verhaltensweisen daraus abzuleiten, sondern nur ein „Es ist, wie es ist" zu konstatieren. Das bedeutet nicht, die entstehenden Empfindungen zu unterdrücken. Ganz im Gegenteil geht es im Kern um die Aufgabe, achtsam alles das, was mit den Sinnen wahrnehmbar ist und was infolgedessen an Gedanken, Gefühlen und körperlichen Empfindungen entsteht, aufmerksam wahrzunehmen. Die innere Haltung stellt die Dinge fest, wie sie sind, und spürt die Auswirkung auf

sich selbst mit einer wohlwollend positiven Neugier und erkennt sie an: „O.k., so ist es!"
Die sechs Merkmale des Konstatierenden Aufmerksamen Wahrnehmens sind:

1. konstatierend = feststellend: „So ist es."
2. offene, aufmerksame und interessiert betrachtende Wahrnehmung = hineinspüren und wirken lassen
3. konstanter Fokus = nicht abschweifen oder ablenken lassen
4. weitgestellter „Blick" = nicht auf wenige Eindrücke engstellend
5. andere Kognitionen, die ins Bewusstsein rücken, nicht aktiv ausblendend = nichts wegschieben, was sich sonst noch einstellt, sondern es registrieren
6. passiv bleibend = ohne aktiv und gezielt über eine Problemlösung nachzudenken

Wie es funktioniert, konstatierend wahrzunehmen, erschließt sich am besten, wenn man das Gegenteil zur Erläuterung nutzt, denn wie es sich anfühlt, sich auf etwas zu konzentrieren, kennen wir alle. Auch da wendet man sich einer Sache zu. Doch schon im nächsten Schritt verengt sich die Sicht: Das Konzentrat wird fokussiert, und um Ablenkungen zu vermeiden, werden diese aktiv bekämpft, um sie loszuwerden. Neue Ablenkungsszenarien werden dadurch manchmal sogar argwöhnisch erwartet oder bewusst gemieden. (Empl et al. 2017) Wer so stetig auf der Hut ist, strengt sich an und bindet seine Willenskraft damit, etwas abzuwenden, statt in seinem Tun aufzugehen. Dagegen ist es vollkommen mühelos, entspannt auf mögliche Ablenkungen eingestellt zu sein und sie an sich vorüberziehen zu lassen.
Ziel des KAW ist es deshalb, zu lernen, die Aufmerksamkeit jederzeit bewusst von einer Sache auf eine andere

lenken zu können. Gerade in solchen Momenten, wo eine nicht-wertende Haltung (noch) eine große Herausforderung darstellt.

Das KAW sollte zunächst in mehreren Schritten eingeübt werden, bevor es an konkrete Konflikte geht.

**Vorübung: „Pakete packen"**
Fragen Sie sich: „Warum fühle ich mich momentan nicht komplett wohl?"

Alle Antworten, die Ihnen in den Sinn kommen, bekommen einen Namen, aber keine weitere Aufmerksamkeit, sondern werden gleichzeitig imaginär in ein Paket gelegt. Dabei geht es nicht darum, sich alle Probleme zu merken, sondern sie kurz anzunehmen und dann abzulegen. Das Paket bekommt in der Vorstellung einen Platz irgendwo abseits des Alltags.

**KAW 1 Lernen zu Konstatieren**
Richten Sie Ihre Aufmerksamkeit mit den drei Sinnen: Sehen, Hören, Spüren nacheinander einige Minuten auf etwas, das vor ihnen liegt. Dabei ist es egal, was es ist – die unterschiedliche Wahrnehmung über die verschiedenen Sinneskanäle ist wichtig. Heften Sie den Blick im Raum an etwas bestimmtes. Sehen Sie, aber bewerten Sie es nicht. Tisch, Bett, Vorhang, Fenster, Fliege an der Wand u. s. w. Am Schluss lenken Sie Ihre Aufmerksamkeit auf das, was Sie spüren: in Ihrem Körper und um ihn herum. Wie die Füße den Boden berühren, die Hände die Armlehne, die Ellbogen angewinkelt oder gestreckt u. s. w. Welche Körperempfindungen löst das aus?

**KAW 2 Weitstellen**
Im nächsten Schritt trainieren Sie das „Weitstellen", vergleichbar mit einem Kameraobjektiv. Nun lassen Sie den Blick durch den Raum schweifen. Anfangs auch hier nacheinander die einzelnen Sinne weitstellend:

- Weitgestellt spüren bedeutet, den eigenen Körper und den Raum um ihn herum zu erspüren. Vielleicht möchten Sie mit einer gezielten Stelle beginnen, um dann in den ganzen Körper und darüber hinaus zu spüren.
- Loten Sie aus, was es über das zentrierte Sehfeld hinaus, zu entdecken gibt. Behalten Sie dieses Bild als Ganzes in der konstatierenden Aufmerksamkeit
- Nehmen Sie alles wahr, was Sie gerade an Klangquellen umgibt. Versuchen Sie mindestens zwei Töne gleichzeitig in der Aufmerksamkeit zu behalten.

Für die ganze Übung gilt: Versuchen Sie, in einem nicht-wertenden Zustand zu bleiben, und beobachten Sie, was Ihnen durch den Kopf geht.

### KAW 3 Kombination von Weitstellen und Fokussieren

Das bedeutet: Gleichzeitig fokussiert ein Objekt und auch das Drumherum zu sehen, vergleichbar der Zuschauersicht auf eine Theaterbühne: den Protagonisten und der Handlung folgend, zugleich registrierend, wie die anderen Schauspieler agieren. Oder Sie sitzen in einem Restaurant und unterhalten sich angeregt mit Ihrer Begleitung, während Sie das Stimmengewirr der anderen Gäste genauso vernehmen, wie sich jederzeit auf den an den Tisch tretenden Kellner konzentrieren können. Oder Sie gehen durch eine Fußgängerzone und fokussieren den weitesten Punkt in der Ferne, vielleicht einen Laternenmast oder ein Gebäude, und gleichzeitig gehen Sie nicht einfach wie üblich nur strammen Schritts vorwärts, sondern nehmen gleichzeitig die Menschen um Sie herum wahr. Beispiele, diesen Schritt zu üben, werden Ihnen sicher selbst viele einfallen.

### KAW 4 Angenehme oder unangenehme Ereignisse

Jetzt wird es konkret: Ziel dieser KAW-Übung ist es, den Kern einer zurückliegenden Erfahrung konstatierend wahrzunehmen. Um dies zu erlernen, ist es sinnvoll, sich zunächst an eine Situation zu erinnern, die mit Wohlgefühlen verbunden war. Im Konstatieren der empfundenen inneren Ruhe suchen Sie die Essenz des angenehmen Gefühls. Das kann ein Mensch, ein Bild, ein Ton oder eine körperliche Reaktion sein. Im nächsten Schritt steht die Wahrnehmung einer zurückliegenden unerfreulichen Situation und deren Kerns an. Vielleicht haben Sie ja schon beim Lesen der theoretischen Einführung an eigene Muss/Darf-Nicht-Sollvorstellungen gedacht? Oder gehen Sie bewusst die letzten Tage durch und überlegen Sie, ob Ihnen Situationen einfallen, in denen etwas anders war, als es für Sie hätte sein sollen – subjektiv betrachtet. Was haben Sie in diesem Moment gedacht? Wie sind Sie mit dieser Situation umgegangen?

**Konkrete praktische Anwendung**

**Phase 1. Den Kopf frei bekommen und in den Modus des Konstatierens kommen**
Nehmen Sie sich ein paar Minuten, um Ihren Atem konstatierend wahrzunehmen, führen Sie dann die Übung „Pakete packen" durch, um Ihren Kopf freizubekommen und nehmen Sie dann einige Minuten weitgestellt Ihre Umgebung wahr.

**Phase 2. Den Konflikt als Ganzes konstatierend wahrnehmen und den ersten Imperativ finden**

- Dazu schauen Sie sich die Situation nochmal an, so als würde ein Film davon vorgespielt.
- Stoppen Sie den Film in dem Moment, in dem Ihnen unwohl wurde und schauen Sie sich dieses Standbild konstatierend aufmerksam an.

- Spüren Sie in sich hinein, was Ihnen dabei automatisch durch den Kopf geschossen ist mittels der Methode: **Nachträgliches Lautes Denken,** das heißt, nicht replizieren, was Sie gedacht haben, sondern den inneren Wortlaut exakt widergeben.
- Lassen Sie die Gefühle, die die Erinnerung an diesen Moment wachruft, einfach da sein.
- „Pellen" Sie den subjektiven Imperativ heraus und formulieren Sie ihn konkret: *Es darf nicht sein, dass …!*
- Nun konstatieren Sie die dazu gehörige Erkenntnis = Subkognition: *Es kann sein, dass …* bzw. *Es ist so, dass …*
- Nehmen Sie diese eine Weile lang konstatierend weitgestellt wahr.

**Phase 3. Den Kern des Konflikts finden und eine Weile konstatierend weitgestellt aufmerksam wahrnehmen**

Verfolgen Sie die ggf. darunter liegende Imperativkette bis zum Anfang zurück. Ziel ist es, unter den vorhandenen Imperativen den ursprünglichen, primären Imperativ, also den Kernimperativ, gewissermaßen wieder „auszugraben": Was ist daran für mich gefühlsmäßig das Zentrum des Unangenehmen?

**Phase 4. Deimperieren**

KAW auf die Kernsubkognition: *Es kann sein, dass … bzw. Es ist so, dass …*

**Phase 5. Die Introvision ausklingen lassen**

Nehmen Sie sich nach Abschluss der Introvision Zeit, sie allmählich ausklingen zu lassen. Vielleicht machen Sie sich ein paar Notizen und planen, wann Sie das nächste Mal KAW auf das Zentrum des Unangenehmen, den Kern des Konflikts machen werden. Introvision auf ein

Kernproblem verbraucht Energie; deshalb machen Sie nun bitte eine Pause, bevor Sie sich anderen Dingen zuwenden.

**Phase 6. Dieses KAW auf den Kern des Konflikts wiederholen**
– so lange, bis die automatische Erregung und Anspannung, die mit diesem Kern gekoppelt ist, abgeklungen und verschwunden ist.

Ziel ist es, auf diese Weise die automatische Kopplung dieser Erkenntnis (Gedanke, Bild, Erinnerung, körperliche Empfindung) mit erhöhter Erregung und Anspannung zu löschen. Es geht darum, den Automatismus dieses Prozesses abzuschneiden – das blitzschnelle Ansteigen des Blutdrucks, das Hochschnellen der Angst, das automatische Ausblenden und Wegschieben der (Kern-) Erkenntnis. Dies kann bei einem tief eingegrabenen Konflikt etwas länger dauern: mehrere Tage oder auch zwei, drei Wochen, in denen dieses KAW täglich ein oder zwei Minuten lang oder auch länger durchgeführt wird, bis Sie bei einer zukünftigen ähnlichen Situation gelassen reagieren können.

**b) The Work – Realitätscheck stressender Gedanken**
„The Work" wurde von Byron Katie „entwickelt" und publik gemacht. Ich setze die Entwicklung in Anführungsstriche, weil sie selbst sagt, es sei ihr „zuteil"geworden. In einer spirituellen Erfahrung. Byron Katie bezeichnet sich als Erleuchtete. Diese Menschen eint beispielsweise, dass sie betonen, ihr „Ich" verloren zu haben, und dass das, was sie als Erkenntnis erlebten, die „wahre Welt" sei, während der Rest der Menschheit in einer Illusion lebe. Ob daran etwas Wahres ist, steht hier nicht zur Sache. Vielmehr belegen Dr. Wagners wissenschaftliche Forschungen Byron Katies Ansätze zu Selbsterkenntnis und Wahrheit, weshalb ich sie Ihnen gerne vorstellen möchte. Denn es

könnte sein, dass diese für den ein oder anderen Leser eher zugänglich sind, als die doch etwas verschachtelten Prinzipien der Introvision – die Wege und das Ergebnis jedoch, ähneln sich sehr. Und nur das zählt.

Ausgangspunkt von „The Work" ist die Frage danach, ob man wirklich die Wahrheit wissen will. Ob man zum Kern einer oberflächlichen Aussage in Form negativer Überzeugung vordringen möchte.

Dazu dienen vier Fragen – das Herzstück von „The Work":

1. Ist das wahr?
2. Kannst du mit absoluter Sicherheit wissen, dass das wahr ist?
3. Wie reagierst du bzw. was geschieht mit dir, wenn du diesen Gedanken glaubst?
4. Wer wärst du ohne den Gedanken?

(Byron und Mitchell 2002)

Bleiben wir doch mal bei unserem Projektleiter, der oberflächlich davon überzeugt ist: *„Ich brauche die Bestätigung meines Vorgesetzten, um gute Arbeit zu leisten."*

1. **Ist das wahr?**

Ist das wahr, dass dich dein Vorgesetzter unbedingt bestätigen und dir Anerkennung geben muss? Ist das wahr, dass du nur dann gute Arbeit ablieferst?

Werde still. Horche still in dich hinein. Warte auf die Antwort aus deinem Innern.

Vielleicht bleibt es bei dem Gedanken und der Überzeugung und die Antwort der inneren Stimme lautet: *Ja, es ist wahr.*

Das ist ok.

Dann geht es zur zweiten Frage.

2. **Kannst du mit absoluter Sicherheit wissen, dass das wahr ist?**

Kannst du letztlich wissen, wie du das Projekt bearbeiten wirst? Was er verstehen und was er nicht verstehen sollte? Kannst du wirklich wissen, was das beste Vorgehen für dieses Projekt in seinem Interesse ist?

Ganz unabhängig von der Antwort, bewirkt das vertiefte Nachdenken darüber bereits eine Verschiebung der Wahrnehmung. Wenn die Antwort standhaft dabei bleibt, ganz genau zu wissen, dass du ohne den Fürsprech des Vorgesetzten keine gute Arbeit liefern wirst, spüre in dich hinein, was das mit dir macht:

3. **Wie reagierst du, wenn du diesen Gedanken glaubst?**

Was geschieht, wenn du glaubst, *„Mein Vorgesetzter sollte mir Bestätigung geben"*, und er tut es nicht? Verunsichert dich das? Erzeugt es Stress und Frustration? Führt dies zu innerer Anspannung und ist der Kopf weniger klar? Fallen dir wichtige Gedanken und Prozesse, die du für den Projektverlauf benötigst, nicht mehr sofort ein? Wirst du immer fahriger, während du auf das Lob oder die Anerkennung des Chefs wartest?

Werde still und lausche in dich hinein, was du beim Nachhall der negativen Konsequenzen der geistigen Aufregung empfindest. Lange bevor es um eine Bewertung der Projektarbeit geht, ist da schon jede Menge gedanklicher Stress, Selbstzweifel und damit sinkende Selbstachtung – und mit der Arbeit wurde noch nicht mal begonnen.

Anschließend frage dich:

4. **Wer wärst du ohne den Gedanken?**

Schließe deine Augen. Stell dir vor, du beschäftigst dich mit dem Projektthema. Nun stell dir vor, dass du dieser Tätigkeit nachgehst, ohne den Gedanken: *„Ich will Bestätigung für mein Tun."* Wie fühlt sich das an? Was siehst du? Wie wäre dein Leben ohne diesen Gedanken?

Wie würde sich das Verhältnis zu deinem Vorgesetzten ändern? Wie würde sich das Verhältnis von dir zu dir ändern? Mit welchem Selbstverständnis gingst du demnächst andere Projekte an?

**Die Umkehrung**
Nun kehre deine Aussage um. Die Umkehrungen sind eine Möglichkeit, das Gegenteil von dem zu erfahren, was du für wahr hältst. Du kannst mehrere Umkehrungen finden.

Zum Beispiel könnte aus *„Ich brauche Anerkennung und Wertschätzung durch meinen Chef"* umgekehrt werden:

- *Ich sollte mich selbst anerkennen.*
- *Ich sollte meinen Chef wertschätzen.*
- *Ich sollte von meinem Vorgesetzten keine Anerkennung erwarten.*
- *Mein Chef sollte mir keine Bestätigung geben.*

Erlaube dir, die Umkehrungen voll und ganz wahrzunehmen. Was geschieht mit dir bei diesen Gedanken? Finde konkrete Beispiele, warum diese Umkehrungen (auch) wahr sein könnten.

**Akzeptieren, was ist**
Sinn und Zweck von „The Work" ist es nicht, die andere Wange hinzuhalten. Oder zu versuchen Gefühle zu negieren. Es geht vielmehr darum, Gefühle nicht zu bewerten und so Möglichkeiten zu entdecken, die zu Akzeptanz und damit innerer Ruhe verhelfen, die zu Gelassenheit führt. Letztlich geht es um die Akzeptanz des Lebens mit all seinen Widerständen und Problemen.

Ein Bauer fragte Buddha, wie er seine Probleme lösen könnte. Er antwortete, dass alle Menschen 82 Probleme hätten und er könne nur bei dem 83. Problem helfen. Auf die Frage, welches das sei, sagte er: Das ist das Problem, dass Menschen keine Probleme haben wollen.

Aufzuhören, mit all unseren Problemen ein Problem zu haben, löste also unsere Probleme. Sagt Buddha. Widerstand kostet Kraft; anzunehmen was jetzt ist, erwirtschaftet sie. Sage ich.

## 6.1.4  Komm zu Dir! – Aufbau eines Ressourcenpools

Man muss etwas Neues machen, um etwas Neues zu sehen.
Georg Christoph Lichtenberg

Selbstregulation als Ressource zu verbessern basiert unter anderem darauf, sich etlicher anderer Ressourcen emotionaler Kompetenz bewusst zu werden. Kennen Sie Ihre? Es ist die häufigste originäre Aufgabe eines Coachingprozesses, sie in gemeinsamer Arbeit herauszufinden. Dies angeleitet zu tun, ist durchaus sinnvoll. Und auch der Weg, den ich Ihnen nachfolgend vorstellen möchte, könnte vielleicht effizienter sein im Rahmen eines angeleiteten Workshops. Für die ich hier keine Werbung machen, die ich nur fairerweise erwähnen möchte.

Das Trainingskonzept ist auch mit einem Gegenüber oder mehreren Freunden, Bekannten, Kollegen …, die Ihr Anliegen teilen, ihre Selbstregulation stärken zu wollen, durchführbar. Als komplett autarkes Selbstcoachingtool eignet es sich höchstens für bereits Erfahrene im Umgang mit vertiefter Selbstreflexion. Aber selbst dann fehlen unter Umständen wertvolle Gedanken anderer „Gehirne", die Sie sich ansonsten sehr gut nutzbar machen können.

Auch für Leser, die das Tool gar nicht nutzen werden und die folgenden Zeilen „einfach nur" lesen, wird es nicht viel, aber zumindest „etwas bringen", denn Sie kennen ja mittlerweile meine Hauptmotivation: Alleine um die Vorgänge dahinter zu wissen, darauf aufmerksam gemacht zu werden, wie viel in unserem Unterbewussten schlummert, lohnt sich die Beschäftigung damit.

## ZRM®

Das Züricher Ressourcen Modell (ZRM®), konzipiert von Dr. Maja Storch und Dr. Frank Krause (Storch und Krause 2007) zeigt einen Vier-Schritt-Weg, um die individuellen Ressourcen für den unbewussten Informationsverarbeitungsmodus so verfügbar zu machen, dass die Bewertung einer Situation nicht mehr zu einer Stressreaktion führt. Hier besteht ein enger Zusammenhang zwischen Ressourcenaktivierung und Neurobiologie. Womit wir wieder beim Gehirn wären.

## „Use it or lose it." – oder: Das System der neuronalen Plastizität

Die Fähigkeit des Gehirns, sich permanent den Erfordernissen seiner Benutzung anzupassen, nennt sich neuronale Plastizität. Dies ist nicht auf eine bestimmte Lebensphase beschränkt, sondern läuft während des gesamten Lebens eines Menschen ab (Kapfhammer 2000). Es ist die Eigenschaft von einzelnen Nervenzellen oder deren Verbänden, ihre Informationsübertragungseigenschaften in Abhängigkeit von ihrer Inanspruchnahme zu verändern.

Der Verhaltenspsychologe Donald Olding Hebb gilt als der Entdecker der synaptischen Plastizität. In der Gehirnforschung leiteten seine Forschungsergebnisse einen Paradigmenwechsel ein. Sie revidierten die Ansicht, das Gehirn sei ein relativ statisches Organ, das in seiner Struktur nicht veränderbar sei. Das ist falsch (Grawe 2004). Jede Sekunde verarbeitet es Sinnesreize und wandelt sich entsprechend um. Entwickelt sich vorwärts oder degeneriert. Denn das Prinzip der neuronalen Plastizität gilt auch in umgekehrter Richtung. Das heißt, dass Synapsen, die nicht mehr benutzt, also nicht mehr aktiviert werden, sich abbauen. Das Gehirn lässt sich mit einem Muskel vergleichen, der trainiert werden will, weil er sonst verkümmert. Je regelmäßiger eine bestimmte Muskelgruppe trainiert wird, desto größer und leistungsfähiger wird der Muskel. Ohne Training nimmt die Muskelkraft ab und die Leistungsfähigkeit sinkt. Bei Nervenzellen zeigt sich diese erhöhte oder verminderte Leistungsfähigkeit in einer leichteren oder schlechteren Aktivierbarkeit.

Geht es um Anspannung, ist es für das Gehirn und seine Nervenzellen unwichtig, durch welche Angewohnheit es die durch die Anspannung verursachte Erregung wieder herunterregulieren kann. Hauptsache „es" spürt und verbreitet im Menschen Wohlbefinden. Wir sprachen schon davon. Wohlbefinden durch den Balsam des Gewohnten. Dann hat das Gehirn seine Aufgabe gut erledigt. Findet der Mensch daran Gefallen, verknüpft sich dies mit jenem Verhalten, und es wird immer wieder gezeigt. Über einen längeren Zeitraum praktiziert, entsteht im Laufe der Zeit eine Gewöhnung und für diese ein großes neuronales Netz. Der Entspannung auf der einen Seite steht auf der anderen Seite eine unter Umständen entstandene schlechte Angewohnheit gegenüber. Egal ob Bewegungsmuffel, Raucher, Fingernägelkauer, Workaholic etc. Diese wieder loszuwerden, also in Form des unwillkommenen neuronalen Netzes zurückzubauen, ist schon wieder mal nicht so einfach. Aber – Sie ahnen es – möglich.

**Bewusst Netze knüpfen**
Wer ungeliebte Handlungsmuster verändern möchte, sieht sich aus Nervenzellensicht der Situation gegenüber, dass der gute Vorsatz dies zu tun, in Form eines neuronalen Mininetzes, einem riesengroßen neuronalen Netz alter Muster gegenübersteht. Deshalb ist eines schon mal

klar: Ein „guter" Vorsatz alleine reicht nicht. Der wird vom inneren Schweinehund schneller weggebissen, als man ihn in Worte fassen kann. Solange ein Gehirn mit einem neuen neuronalen Netz keine positiven Erfahrungen macht, wird es diesem Netz auch keine weitere Hirnaufmerksamkeit widmen, sprich, es nicht weiter ausbauen und verstärken. Wozu auch diesen Aufwand betreiben, wo es doch ein so schönes, großes, altes neuronales Netz gibt, das sich immer wieder ganz leicht aktivieren lässt.

Aber das Gehirn ist nicht wirklich stur in dickköpfigem Sinne, denn es macht Ausnahmen. Immer dann, wenn neuronale Bahnen erfolgreich zur Bewältigung einer schwierigen Situation beigetragen haben, werden sie stabilisiert. Das klappt hin und wieder „einfach so" – doch sind wir ja hier, um Unterstützungsleistungen zu propagieren, und die liegen in dem Aufbau eines Ressourcenpools, um die häufige Benutzung eines willkommenen neuronalen Netzes zu unterstützen. Erwünscht ist dabei jede Ressource, die gesundheitsfördernde neuronale Netze aktiviert und dadurch gesundheitsbezogene Ziele fördern hilft. Diese Ressourcen werden dann im Gedächtnis möglichst so gut gespeichert, dass sie die gewünschte Handlung genau dann aktivieren, wenn dies beabsichtigt ist.

Aber zunächst einmal muss ich ja herausfinden, welche Bahnen erwünscht sind, ich also intensivieren möchte, damit sie altes, unerwünschtes Wissen ersetzen, und welches neuronale Flackern ich am liebsten wieder in eine Sackgasse schickte. Die Bewertung darüber nimmt im ZRM®-Training der Mensch selbst vor, und hierfür werden somatische Marker benutzt (Storch und Krause 2007).

### a) Theorie der Somatischen Marker
Ist es besser emotions- und leidenschaftslos zu handeln und zu entscheiden oder sollten wir unsere Emotionen mit einbinden? Neben der Ebene der bewussten Selbstwahr-

nehmung durch den Verstand, der über sein „Selbst" und sein „Ich" nachdenkt, Pläne schmiedet und argumentiert, gibt es die Ebene der Selbstwahrnehmung, die sich auf Emotionen oder Körperempfindungen bezieht. Deshalb ist die Antwort auf diese Frage zunächst simpel: Da das menschliche Gehirn nicht nur Fakten, sondern auch Emotionen verarbeitet, kommen wir gar nicht drum herum, dass sich unsere Emotionen in unser tägliches Leben „einmischen". Diese sind immer präsent, also gegenwärtig, aber auch in unserem sogenannten emotionalen Erfahrungsgedächtnis, das sich aus individuell gelerntem Wissen permanent anreichert, abgespeichert („erinnerndes Selbst"!). Das Gehirn tut dies, um dem Menschen aufzuzeigen, welches Verhalten ihm das reine „Überleben" sichert, aber auch „Wohlbefinden" zukommen lässt.

Wie geht dieser uns schon bekannte Kuschelkurs des Gehirns konkret vor sich: Wenn beispielsweise etwas entschieden werden soll, werden vom Gehirn Vorstellungsbilder erzeugt, die im Innern wie Filme ablaufen. Diese werden nun mit ähnlichen Erfahrungen des emotionalen Erfahrungsgedächtnisses verglichen: Unbewusst ablaufende, aktuelle emotionale Einwirkungen prallen auf diesen Speicher im Gehirn, werden ruckzuck bearbeitet und abgeglichen.

Sobald etwas Vergleichbares gefunden wurde, löst dies eine automatische Bewertung aus und formt sie zu emotionaler Signalwirkung. Diese ist nicht steuerbar. Sie erfolgt spontan und unkontrollierbar, weil biologisch über den Körper. Etwas „schießt uns in den Bauch", wir werden rot, ändern unsere Körperhaltung und ähnliches. Diese Körpersignale hat der Neurowissenschaftler António Rosa Damásio „somatische Marker" genannt (Damasio 1997). Sie sollen uns nicht hemmen, sondern im Gegenteil helfen, mit einer Art Auswahlverfahren anhand der gesammelten Lebenserfahrungen wichtige Vorentscheidungen zu treffen.

Nach dieser Theorie verfügt der Mensch neben dem bewussten Entscheidungsfindungssystem auch über ein unbewusstes: Die Entscheidung trifft er nicht über den Verstand, sondern über die somatischen Marker. So weiß man kurzum, ob man etwas möchte oder ablehnt, doch ist das Ergebnis meist eher diffus denn strukturiert zu nennen. Es drängen sich dabei Fragen auf, wie: Darf ich aufgrund derartiger Reflexe wirklich Entscheidungen treffen? Und: Wie nachhaltig werden die wohl sein? Kognitive Prozesse funktionieren wesentlich langsamer: Das verstandesmäßige, bewusste Denken verarbeitet verhältnismäßig wenige Daten auf einmal, wägt sie hin und her, gleicht sie ab, und die Ergebnisse sind im Vergleich eher präzise und detailliert. Die Antwort bleibt daher einfach: Weiß man um den Ablauf beider Entscheidungssysteme und setzt sie im Schulterschluss souverän und situationsgerecht ein, bilden sie eine starke Partnerschaft. Gefühle und auch Körperempfindungen stellen dann keinen Störfaktor für klares Denken dar, sondern sind ein wertvoller Bestandteil kluger Entscheidungen.

Aber – und nun sind wir bei dem Teil der Beantwortung, der etwas intensiver angeschaut gehört: Entscheiden kann ein Mensch erst, wenn er eine Bewertung vorgenommen hat. Intuitiv und ad hoc immer dem reinen Bauchgefühl zu folgen ist genauso riskant, wie alles en detail soweit zu zerdenken, dass der Kopf raucht und am Ende nur noch Asche herauskommt. Der Verstand kann theoretisch ununterbrochen alle denkbaren Lösungsmöglichkeiten und Perspektiven hin- und herdebattieren. Das emotionale Erfahrungsgedächtnis (re)agiert hingegen ultimativ spontan. Wer den Umgang damit gelernt hat, kann darüber einen Grad an Gewissheit zutreffender Entscheidungen erlangen, den der Verstand alleine niemals bieten kann: Man ist sich seiner selbst sicher. Daher sollten wir das Wissen um somatische Marker, die jeder Mensch hat, ob er will oder nicht, für uns nutzbar machen.

## b) Positive somatische Marker aufbauen: ZRM®

Die positiven somatischen Marker, die den Ressourcenpool ausmachen sollen, setzen sich aus einer Vielzahl von individuell erarbeiteten Erinnerungshilfen an das persönliche Ziel zusammen.

Der Ablauf folgt diesem Schema:

1. Mein aktuelles Thema klären
2. Vom Thema zu meinem Ziel
3. Vom Ziel zu meinem Ressourcenpool
4. Mit meinen Ressourcen zielgerichtet handeln

(Storch und Krause 2007)

## 1. Mein aktuelles Thema klären

In der ersten Phase geht es darum, ein subjektiv bedeutsames Thema herauszukristallisieren, das im Unterbewussten schlummert. Mithilfe einer Bildkartei (Storch und Krause 2017) können möglichst viele Ideen zur Analyse und Lösung eines Themas gefunden werden. Dies geschieht, indem Sie sich oder jeder der Teilnehmer alle Bilder ansieht, möglichst unter Ausschluss des Verstandes, bis ihn eines „anfixt", das heißt irgendein positiv besetztes Bauchgefühl anspringt. Nun assoziieren alle frei zu den jeweiligen Bildern, auch der anderen. Das heißt, sie versuchen die somatische Reaktion zu artikulieren, indem sie sie in ein Bedürfnis fassen. Dieser Vorgang nennt sich: „Ideenkorb." Die jeweilig relevantesten Aussagen werden autark ausgewählt, auch wieder im Hinblick auf anspringende somatische Marker und evtl. noch um eigene Aussagen ergänzt.

## 2. Vom Thema zu meinem Ziel

Aus den Aussagen wird ein allgemeines Haltungsziel schriftlich formuliert. Für die Realisierung des Ziels sind drei Kriterien zu beachten: Es ist als Annäherungsziel zu formulieren, die Zielerreichung muss zu 100 % in der eigenen Hand liegen und einen starken somatischen positiven Marker aufweisen. Die Gruppe, so vorhanden, hilft auch hier bei der Formulierung. Die erste Ressource, das formulierte Ziel, ist geschaffen.

## 3. Vom Ziel zu meinem Ressourcenpool

Jetzt geht es ans Sammeln von Erinnerungshilfen: die haptische, sinnliche Unterstützung durch ein bestimmtes Objekt, das mit dem Ziel verknüpft wird. Das kann alles sein. Ein Stein, ein Stift, ein Bild, ein Schal – irgendein Ding, was persönlich mit dem Ziel verbindet. Je mehr Sinneskanäle dadurch angesprochen werden, umso besser. Es wird dafür sorgen, dass die neuen, das Ziel repräsentierenden neuronalen Netze im Gehirn, möglichst oft gebraucht werden; es stellt die zweite Ressource im Ressourcenpool dar.

Die dritte Ressource ist die Körperverfassung: In welchem Zustand befindet sich der Körper, wenn an das Ziel gedacht wird? Auch das bitte ausformulieren. So dreifach codiert haben Sie nicht mehr nur ein Ziel als einen „guten Vorsatz" im Kopf, sondern als ein neuronales Netz, das handlungssteuernd wirksam werden kann, sobald es aktiviert wird.

## 4. Mit meinen Ressourcen zielgerichtet handeln

Jetzt werden die Situationen, in denen das neue Zielverhalten gezeigt werden soll, analysiert und vorbereitet. Dafür werden die Situationen in die Schwierigkeitsgrade A, B und C unterteilt:

A-Situationen sind einfache, alltägliche Situationen, die keiner speziellen Vorbereitung bedürfen, weil sie schon mit dem neuronalen Netz bewältigt werden können, welches sich während der Zielerarbeitung, also der Zurkenntnisnahme des Ziels, gebildet hat. Durch die bewusste Wahrnehmung wird das neuronale Netz jedoch zusätzlich gestärkt.

B-Situationen mittleren Schwierigkeitsgrades sind vom Zeitpunkt ihres Auftretens voraussehbar und damit kalkulier- und planbar. Sie bewusst in ihrer Ausführung und Bewältigung zu durchdenken und vorzubereiten bildet den Schwerpunkt des ZRM®-Trainings. Die Aktions- und Reaktionsmechanismen werden Teil des Ressourcenpools.

C-Situationen treten unvorhersehbar auf, was sie entsprechend schwierig zu kalkulieren macht. Trotzdem ist es sinnvoll, darüber nachzudenken, um was es sich handeln könnte und welche Vorläufersignale wirksam werden könnten. Diesen rechtzeitig entgegenzutreten und nicht in alte Verhaltensmuster zurückzufallen, wird stabil wohl erst gelingen, wenn das neuronale Netzwerk durch bereits gut gemeisterte B-Situationen gestärkt und gewachsen ist.

### Realitätstransfer

Der Transfer in den Alltag ist dann natürlich noch einmal eine Herausforderung – erst da wird sich zeigen, wie ernst man den Prozess nimmt, dessen Teil als Motor man bis zuletzt immer bleibt – da kann der Ressourcenpool noch so prall mit Erinnerungshilfen gefüllt sein: Nur wer sie auch nutzt, wird sich an ihrem Nutzen freuen können.

## 6.2    Das Führungsmanagement

Wir können die Zukunft nicht voraussagen, aber wir können sie gestalten.
Peter Drucker

Menschen, die selbst unter starkem Stress stehen, neigen dazu, den Druck weiterzugeben. Egal ob sie dies tun, weil man unter Stress stehend am Limit lebt und für Empathie schuldlos kaum noch Energie aufbringt, das Ergebnis ist: Stress ist ansteckend. Mitarbeiter, die von einer fehlenden sozialen Unterstützung durch den Vorgesetzten berichten, klagen gleichzeitig über mehr emotionale Erschöpfung, psychovegetative Beschwerden und einen schlechteren allgemeinen Gesundheitszustand. Dieser Effekt ist deutlich stärker als bei fehlender sozialer Unterstützung durch Kollegen.

Mitarbeiter, die den Führungsstil ihres Vorgesetzten als gesund bewerten, verfügen hingegen über eine bessere allgemeine Gesundheit, empfinden geringere Irritationen durch Stressoren und bringen insofern natürlich auch bessere Leistung. Wer seine eigene Gesundheit wertschätzt, entsprechend für sich agiert und dies auch an andere weitergibt, baut ein eigenes Bezugssystem für Führung auf: das der Gesundheit. Die Bedeutung gesunder Selbstführung und infolgedessen der gesunden Mitarbeiterführung für den Unternehmenserfolg lässt sich in den Slogan: „Wertschätzung gleich Wertschöpfung" packen. Dabei geht es um die Beachtung gesundheitlicher Warnsignale beim Mitarbeiter durch den Vorgesetzten, die Reduktion von Belastung und das Erkennen der Notwendigkeit von ausreichenden Erholungsphasen.

Führungskräfte spielen deshalb eine zentrale Rolle als Gesundheitsressource. Wenn ich auch an jedes Menschen Eigenverantwortung glaube und appelliere, so entbinde ich damit nicht die Chefs dieser Welt von ihrer Verantwortung, für strukturelle Rahmenbedingungen operativer Arbeitsgestaltung zu sorgen, die die Gesundheit erhalten. Auch oder vielleicht sogar gerade nicht, wenn sie ihrerseits Akademiker und Vielarbeiter führen. Deshalb geht es nachfolgend zwar auch um die persönliche Ressource der Selbstregulation, aber in erster Linie, wie sie sich in Kombination mit den materiellen, organisationalen und sozialen Ressourcen positiv auswirkt. Wenn das: *Komm zu Dir!* auch auf die Umwelt Einfluss nimmt.

Der positive Kreislauf, der sich rückwirkend auf den Druck der Führungskraft dämpfend auswirkte, dürfte nicht zu verachten sein, weshalb ich diese Möglichkeit hier einbaue, quasi als mittelbaren Trainingstipp: Führen Sie gesund und schützen Sie Ihre Hauptstützpfeiler, und Sie bleiben alle gesund und tragfähig!

### Ein kurzer Blick auf Führung

Ein sehr bekannter deutscher Führungstheoretiker ist schon lange auf der Reise, um nicht dogmatisch, aber doch vehement in seinen Büchern und Seminaren für einen wertschätzenden Umgang in Unternehmen zu werben, die den Menschen dienen und nicht umgekehrt. In diesem Sinne steht auch sein folgendes Zitat, das wie eine Art Prolog für stressreduzierendes Führungsmanagement wirkt:

> Es führt derjenige gut, der die Menschen aufrichtet, sodass die Mitarbeiter am Abend aufrechter nach Hause gehen, als sie gekommen sind.
> Pater Anselm Grün

Mitarbeiter sind Menschen. Sie haben ihre ureigenen Entwicklungen durchlaufen, bis sie im jeweiligen Unternehmen angefangen haben zu arbeiten, und tun es weiterhin. Sie sind Persönlichkeiten: mit einem Berufs- und einem Privatleben. Beides wichtige Elemente, die sich in einem Leben vereinigen oder miteinander harmonieren. Bestenfalls. Denn eigentlich hat doch jeder Mensch nur ein Leben. In einem Körper und einem Geist. Manch einer versucht, die Leben voneinander zu trennen – so wie es auch das bekannte Wort vom „Abschalten" suggeriert: am Abend von der Arbeit und möglichem Stress. Doch so wenig wie es einen ominösen Schalter dazu tatsächlich gibt, der einfach nur umgelegt wird, so wenig kann all das, was außerhalb des beruflichen Alltags erlebt wird, lapidar abgeschaltet werden. Man trägt es mit sich. Manchmal gibt es so viel zu tragen, dass die Last den aufrechten Gang hemmt. Oft nicht nur in übertragenem Sinn – der Rücken ist gebeugt.

Und nun kommt Pater Anselm und definiert Führung in diesem Kontext (Jansen und Grün 2017). Nicht aus Sicht eines Unternehmens – seiner Strukturen und Interessen –, nicht aus Sicht der Führungskraft – seiner Einbindung in unternehmerische Interessen –, nicht aus Sicht einer bestimmten Generation – als Balancesuche zwischen Work und Life –, nicht ganzheitlich und auch nicht aus Sicht des unternehmerischen Umfeldes für den Mitarbeiter. Sondern in erster Linie mit Sicht auf den Menschen. Hinter dem Mitarbeiter? Nein. In ihm.

Aber Pater Grün geht noch weiter. Er sagt nicht (nur): „Führungskraft, mach deine Mitarbeiter nicht klein." Er sagt: „Führungskraft, sieh den Menschen in deinem Mitarbeiter. Mach diesen Menschen ‚gerade' – mach ihn größer! Mach es für ihn – besser. Was immer es auch sei. Mach es zu deinem Thema." Das geht weit über die klassischen Ansätze von individueller Persönlichkeitsentwicklung hinaus.

So verstehe ich dieses Zitat. Es ist natürlich nur ein Ausschnitt aus Grüns' großer Literaturfülle zum Thema Führung, aber es ist ein prägnanter. Quasi ein kurzer Lichtblick auf seine Ansichten. Mit dem er metaphorisch erklärt, wie weit Unterstützung zu fassen sein kann, wenn man Führungskräften sagt: „Leitet eure Mitarbeiter an und bietet ihnen die Unterstützung, die sie zum Erfüllen ihrer Aufgaben brauchen." Dass zwischen Mitarbeiter und Führungskraft mehr als nur eine Zweckbeziehung bestehen sollte, verstehen immer mehr Menschen, aber nun soll eine Führungskraft auch noch als Kernaufgabe, und nicht nur am Rande, das Lebensumfeld mit berücksichtigen. Ja, sogar den Umgang damit verbessern helfen. Ist da nicht die Überforderung vieler Vorgesetzter vorprogrammiert? Und wenn dem so ist: Wie könnte man den Vorgesetzten bei dieser Aufgabe helfen? Denn Pater Anselm Grün steht mit dieser Botschaft ja nicht alleine da. Die multiplen Ansprüche, derer Führungskräfte schon lange aus allen Richtungen unterliegen, werden definitiv zunehmend komplexer. Sie haben so viele Facetten und werden mit fast jedem gesellschaftlichen Wandel weiterentwickelt, dass „gut zu führen" mindestens lebenslanges Lernen bedeutet. Dabei nicht auf jeden Zug aufzuspringen oder sich vorprogrammierte Denkmuster überzustülpen, sondern immer wieder auch selbst zu prüfen und zu entscheiden, was sich als Theorie zu verinnerlichen lohnt, ist ein hartes Geschäft. Nicht genug damit – gibt es auch noch die ureigene Führungsmentalität. Die, die der inneren Haltung entspringt. Dem Menschenbild und der Lebensprägung. Selbst wenn sich eine neue Führungstheorie gut liest, passt sie dann auch zum eigenen Charakter und zur Unternehmenskultur, der man aktuell angehört? Und nicht zuletzt – „bringt" sie was?

**Potenzialentfaltung bedeutet Ressourcenmagnetisierung**
Was führt zu wirksamen Resultaten? Gibt es ein Patentrezept oder ein bestimmtes Metaverhalten, das immer funktioniert, um Führungserfolg zu erreichen? Wohl nicht. Das ist kein Freifahrtschein für fröhliches Führungsachterbahnfahren – Verlässlichkeit auch in Bezug auf formale Abläufe ist sehr wichtig. Doch erteilt es einem starren Führungskorsett eine klare Absage: Es gibt weder *die*

Führungskraft oder Führungstheorie noch *den* Führungsstil. Ganz egal für welche Form der Führung man sich entscheidet – wichtig ist, nicht in festgefügten Mustern und Gewohnheiten zu erstarren.

Aber, dass es keine generell einsetzbaren Führungsdogmen gibt, muss keine schlechte Nachricht sein. Es sind ja nicht nur die hohe Dynamik, Komplexität und Instabilität der Umweltfaktoren für eine kontinuierliche Weiterentwicklung von Unternehmen maßgeblich, sondern auch der natürliche menschliche Gestaltungswillen. Rüegg-Stürm drückt das so aus: „Eine erfolgreiche Unternehmensentwicklung muss daher gleichermaßen durch Stabilität und Veränderung, durch Verunsicherung und erneute Vergewisserung, durch Wertschätzung der Tradition und durch unerschrockenes Beschreiten neuer Wege geprägt sein." (Rüegg-Stürm 2003, S. 80) Insofern wird Wandel eine Voraussetzung für Stabilität.

Der Wandel in Richtung sinnorientiertes Arbeiten, auch als Grundlage für wirtschaftliches Wohlergehen, erfordert jedoch nicht nur ein stetig zu aktualisierendes Führungsverständnis. Die zentrale Rolle der Führungskraft rückt auch die nachhaltige persönliche Entwicklung in den Fokus: In der Lage zu sein, die Umwelt differenziert wahrzunehmen, offen dafür zu sein, die „Brille" zu verändern, für vernetzte Zusammenhänge sensibilisiert zu sein, über Kontextverständnis zu verfügen, die auch mal Verhaltensänderungen bedingen können. Wer glaubt, dass sein Weg der einzig richtige sei, hat es naturgemäß schwer, alternative Perspektiven zu sehen oder an reflektierenden Diskussionen teilzunehmen. Ähnlich wie sich eine Unternehmenskultur über viele Jahre hinweg bildet und immer weiter formt, sind tiefer gehende persönliche Bestandsaufnahmen der Selbsterkenntnis für Führungskräfte von großem Wert.

Davon ausgehend, fällt es doch im Grunde leicht, einen weiteren Schritt zu machen: Von der Reflexionskompetenz hin zur Gesundheitskompetenz und so immer weiter weg von Ressourcenausnutzungs- hin zur Potenzialentfaltungsphilosophie. Mit diesem Paradigmenwechsel beschäftigen sich heuer nicht nur Philanthropen wie Grüne, sondern auch etliche Wissenschaftler und vor allem Unternehmenslenker. Ob es ausreichend viele sind, um ihn tatsächlich zu initiieren, wird man sehen müssen. Als eine Stellschraube der Praxis könnten Sie ihn für sich jedoch bereits nutzbar machen, wenn Sie das Health-oriented Leadership (HoL) verinnerlichen: Werden Sie eine Führungskraft, die ein gesundheitsförderliches Arbeitsumfeld für Mitarbeiter kreiert, indem sie selbst Gesundheit vorleben. Führen Sie weg vom Stress, führen Sie „stressless".

## 6.2.1  Komm zu Dir! – Gesund führen: Der HoL-Ansatz

> Kluge Egoisten denken an andere, helfen anderen so gut sie können – mit dem Ergebnis, dass sie selbst davon profitieren.
> Dalai Lama

Es sind gar nicht immer nur die umgebenden Arbeitssituationen mit Zeitdruck, Kostenreduktion, Dynamik und Komplexität etc., die den Workload steigern. Gerade gut ausgebildete und aufstiegsfreudige Mitarbeiter, egal ob intrinsisch oder extrinsisch motiviert, können an ökonomischer Höchstleistung interessiert sein, die langfristig über ein gesundes Maß hinausgeht. Eine Rechnung, die nicht aufgeht. Wird die Gesundheit gegen mehr Leistung und Produktivität eingetauscht, funktioniert dies nie langfristig. Irgendwann bleibt irgendwas auf der Strecke. Dafür müssen nicht mal ethische

Argumente herangezogen werden. Körper und Geist brauchen genügend Regenerationsphasen, um kontinuierlich Leistung erbringen zu können. Versuchen die Beteiligten – Geschäftsleitung, Führungskraft und Mitarbeiter – nur über Selbstoptimierung des eigenen Systems zu interagieren, und wird das „kostenlose" Gut Gesundheit und dessen Erhalt unreflektiert und über Gebühr gegen immer mehr Leistung eingetauscht, sind die Kosten infolge von langfristig verminderter Produktivität bis hin zu Krankheit und Ausfall wesentlich höher.

Die wenigsten Unternehmen verfügen über ein solides Gesundheitsmanagement, daher obliegt auch dieser Bereich oft den rangnächsten Führungskräften – die dann die Balance finden müssen. So wird Führungsmanagement zu Gesundheitsmanagement und umgekehrt. Gutes Führungs-/Gesundheitsmanagement steht da noch weit vor der Beachtung gesundheitlicher Warnsignale, da diese in ersterem Fall erst gar nicht auftreten dürften. Dazu braucht es eine konkrete Herangehensweise. „Wertschätzung gleich Wertschöpfung" könnte dafür gleichzeitig Überschrift wie gute Basis sein:

- Selbstschädigendes Verhalten positiv zu beeinflussen, indem fundiertes Wissen über die Zusammenhänge von Arbeit und Gesundheit dazu führen, dass die Mitarbeiter die Arbeit als sinnvoll und gut handhabbar erleben.
- Das Austarieren zwischen Belastungen und Ressourcen so vorzunehmen und die Arbeit so zu gestalten, dass sie dazu anregt, sich weiterzuentwickeln und höhere Ziele zu setzen, ohne auszulaugen.
- Eine gesunde Selbstführung der Geschäftsleitung hat nicht nur einen unmittelbaren Einfluss auf die Mitarbeiterführung, sondern auch mittelbar auf die Gesundheit der Mitarbeiter.

## Erhalt der Gesundheit – für alle

Das Verhalten von Führungskräften in Bezug auf Mitarbeitergesundheit wird ja nicht erst gegenwärtig diskutiert. Insbesondere für Transformationale Führung sind die positiven Zusammenhänge bekannt und werden auch vielfach gelebt. Bei diesem Führungsstil handelt es sich um eine werte- und zielverändernde Führung, die sich durch die Dimensionen: Vermittlung einer fesselnden Vision, Vorbildverhalten, Förderung der Akzeptanz von Gruppenzielen, individuelle Berücksichtigung und intellektuelle Anregung, aber auch Einforderung hoher Leistungsbereitschaft auszeichnet. Doch bezieht sich dies vornehmlich auf allgemeines Führungsverhalten. Der spezifische Fokus auf gesunde Führung liegt demgegenüber weitestgehend brach. Damit ist eine Führung gemeint, die nicht nur indirekt die Gesundheit beeinflusst, sondern das Thema Gesundheit zum Führungsinhalt macht. Wer sich selbst gesund führen kann und bei sich sensibel ist, kann auch anders auf seine Mitarbeiter schauen und einschätzen, wie es ihnen geht: Geht es ihnen auch so gut wie mir oder nicht so gut? Was brauchen meine Mitarbeiter, damit es ihnen besser geht? Was kann ich dafür tun, und: Was müssen sie selbst tun?

Das Instrument Health-oriented Leadership (HoL) zur Erfassung gesunder Führung mit Fokus auf gesundheitsbezogene Einstellungen und Verhaltensweisen versucht diese Lücke zu schließen. Franke definiert Health-oriented Leadership als „arbeitsbezogene, gesundheitsspezifische Verhaltensweisen und Einstellungen (z. B. Gesundheitsverhalten, Gesundheitsbewusstsein, gesundheitsbezogene Werteorientierung), die auf die Förderung der eigenen und der Gesundheit der Mitarbeiter sowie der Verbesserung gesundheitsrelevanter Arbeitsbedingungen abzielen." (Franke und Felfe 2011, S. 64)

Der HoL-Ansatz beschreibt gesunde Führung unter den Aspekten der Mitarbeiterführung und der Selbstführung der Führungskraft. Gelingt die Selbstführung unter Berücksichtigung nachfolgender Punkte, kann auch der Transfer zur Gesundheit der Mitarbeiter gemacht werden. Die Dimensionen gesunder Führung basieren auf vier Elementen der Selbstführung, die sich auf die Mitarbeiterführung positiv auswirken:

- **Gesundheitsbewusstsein:** Ein reflektiertes Gesundheitsbewusstsein ist die Basis für ein gesundheitsgerechtes Verhalten. Dadurch wird die Aufmerksamkeit für Veränderungen des eigenen Befindens geschult und achten Führungskräfte in der Folge auch auf gesundheitliche Warnsignale ihrer Mitarbeiter.
- **Gesundheitsvalenz:** Gesundheitsbewusstsein alleine genügt nicht. Der Wert der eigenen Gesundheit und gesundheitsgerechtere Arbeitsbedingungen müssen einen höheren Stellenwert als andere Werte einnehmen, damit ein gesundheitsbewusstes Verhalten umgesetzt wird.
- **Gesundheitsbezogene Selbstwirksamkeit:** Es braucht fachbezogene Kenntnisse, wie Gesundheit bei sich oder den Mitarbeitern gefördert bzw. gesundheitliche Risiken vermieden werden können. Die gesundheitsbezogene Kompetenz wirkt sich darauf aus, wie man selbst mit Belastungen umgeht und wie die emotionale Regulationsmöglichkeit ausgeprägt ist.
- **Gesundheitsverhalten:** Wann verhält man sich umfassend „gesund"? Theoretisch: Bei entsprechend motivierter Selbstführung und dem Selbstvertrauen, etwas am Zustand zu ändern und entsprechende Maßnahmen durchzuführen. Praktisch: gesunder Lebensstil, achtsames Arbeitsverhalten, aktive Gestaltung bester Arbeitsbedingungen

Ganz ehrlich? Als ich diese Punkte das erste Mal las, dachte ich: Meine Güte – wie trivial. Aber ganz genau in ihrer Schlichtheit liegt ihr Wert. „Hilf dir selbst und es ist jedem geholfen" – ist seinem Ursprung nach blanker, menschenverachtender Zynismus. Doch hier ist das komplette Gegenteil der Fall, denn es stimmt. Wenn Führungskräfte ihre wichtige Rolle als Gesundheitsressource ernst nehmen, zeitigt dies schneeballartige Konsequenzen im besten aller Sinne. Dies kann natürlich nur ein Appell sein, sich fundierter mit dem Thema Gesundheitsmanagement auseinanderzusetzen. Würde man ihm auch nur annähernd einen ähnlichen Stellenwert einräumen wie bspw. einer Leitbildentwicklung oder Kanzleizertifizierung – ein mittelfristiger Bewusstseinswandel aller Beteiligten bekäme zumindest eine Chance. Und Stressschaltungen würden ihrer vielleicht beraubt.

## 6.2.2  Organisationale Resilienz

> Es ist keine Schande nichts zu wissen, wohl aber, nichts lernen zu wollen.
> Platon

Schon ein Unternehmen, in dem mehr als ein Mensch arbeitet, ist ein komplexes System. Je größer die Organisation, je umfassender die Struktur dahinter – desto umfangreicher die verschiedenen zu bearbeitenden Projekte. Sie werden kompliziert, wenn man die Komplexität nicht beherrscht, indem man sie nutzt, freisetzt und wirksam macht. Kann man sein Unternehmen dagegen abhärten? Gibt es gar „stressresistente Unternehmen"? Oder sind Unternehmen immer nur so gut wie ihr komplexitätstaugliches Managementsystem? Das ist nicht mit Ja oder Nein umfassend und abschließend zu beantworten. Genauso wenig wie das Ziel einer Organisation, aus eigener Kraft widerstandsfähig zu operieren, gleichsam als eine Einheit eines ausgereiften Mikrokosmos, sicher nicht leicht zu erreichen ist – aber es geht. Es bedeutet, Komplexität nicht zu mindern, sondern sie zu meistern.

Meiner Meinung nach knüpft es an, an das Gesetz von der erforderlichen Varietät, auch Ashbys Gesetz genannt: **„Only complexity can kill complexity."**

Ein System, welches ein anderes steuert, kann umso mehr Störungen in dem Steuerungsprozess ausgleichen, je größer seine Handlungsvarietät ist. Oder anders gesagt: „Je komplexer ein System ist, umso größer ist sein Verhaltensspektrum, umso variantenreicher kann es grundsätzlich auf alles reagieren. Also freuen wir uns über jedwede Form der Komplexität, statt sie zu versuchen zu reduzieren, da sie doch Vielfalt bedeutet, in der enormes Potenzial liegt." (Fleck 2009, S. 16)

Auf den ersten Blick ist dies ein Aufruf, mehr Gestaltungsmacht an immer mehr Mitarbeiter abzugeben – Stichwort: delegieren! Wir kommen noch dazu. Vielleicht ist es aber sinnvoll, da noch einen Schritt vorzuschalten. Denn die Handlungsvarietät, in Form von Handlungs- und Kommunikationsmöglichkeiten, steigt nicht unbedingt nur mit der Anzahl der Personen, sondern auch mit den Personen, die in sich den Variantenreichtum entdecken und leben. Deren Verhalten in Zeiten einer Krise steht in engem Verhältnis zu ihrem psychologischen Kapital. Und umgekehrt. Die Funktionstüchtigkeit von Unternehmen lebt von der Selbstregulierung und Selbstorganisation der Menschen. Von den unterschiedlichsten Menschen, in verschiedenartig zusammengesetzten Teams. Diese sind in ihrer Integrität jedoch anfällig, sowohl für Probleme von innen als auch von außen. Weitblickende unternehmerische Führungskompetenz sollte sich damit befassen, wie Störungen ausgeglichen werden können, bevor das System Schaden nimmt.

Eine systemisch robuste Organisation geht belastbarer mit Krisen und Herausforderungen um. Durchaus auch verletzlich, aber nicht zu zerschlagen. Niederlagen und Rückschläge macht „sie" sich zu Diensten und wächst daran – insgesamt. Man spricht in diesem Zusammenhang von einer resilienten Organisation: Das Resultat einer organisationalen Fähigkeit, Gefahren rechtzeitig und effektiv zu begegnen und dadurch das Gleichgewicht nach einem Einschnitt rasch wiederherzustellen (Barker und Santos 2010).

Wie dieser Zustand erreicht wird, ob durch reine Adaption, transformative Prozesse, innovative Aktivitäten, Veränderungsprozesse in der Unternehmenskultur oder strategische Neuausrichtungen, wird unterschiedlich ausgelegt. Größtenteils wird die organisationale Resilienz als adaptive Kapazität verstanden (Dewald und Bowen 2010) – also unter veränderten Bedingungen immer wieder einen Gleichgewichtszustand herstellen zu können. Das wiederum braucht die Fähigkeit, umsichtig auf unvorhergesehene Gefahren reagieren zu können, bevor die Umstände außer Kontrolle geraten.

Dies ist, genau wie das Thema Gesundheitsmanagement, ein sehr weites Feld, das ich mit nur kurzen Anregungen bestellen konnte, doch war es mir ein Bedürfnis, es zumindest auszusäen, um dafür zu werben oder gar zu sensibilisieren. Vertiefende Literatur dazu stellt Springer Gabler meterweise zur Verfügung!

Von mir daher nur ein paar Pünktchen, die zu unserem Thema konstruktiver Umgang mit Stress passen:

**Personale Resilienz**
Das Zentrum bleibt immer die resiliente menschliche Führhand, also deren besonderer personaler Entwicklungsstand. Eine selbstreflektierte Persönlichkeit, die über eine innere Stimmigkeit verfügt, die das psychische

und körperliche Wohlbefinden lenkt, mit einem hohen Durchhaltevermögen, die unter kritischen Bedingungen intra- und extrapersonale Ressourcen kombiniert: Sie mobilisiert gezielt fachkundige Unterstützung von außen und verfügt über ein besonders effektives Copingverhalten. Sie geht emotional kompetent souverän mit den an sie gerichteten Ansprüchen um, fragt eher, statt anzuweisen und hat das Kontrollparadigma längst überwunden. Meine persönliche Einstellung zu dem, was eine resiliente Führungspersönlichkeit ausmacht, hat Stephan Kaußen wunderbar auf den Punkt gebracht: „Die Balance aus Mut und Demut lässt sanfte Dominanz wachsen." (Kaußen und Nürnberger 2018)

**„Unternehmen Mensch"**
Nicht der Führende entwickelt den Mitarbeiter, sondern der Mitarbeiter entwickelt sich im Licht wertebasierter und wertschätzender Führung:

- Menschen suchen nicht nur eine Arbeitsstelle, sondern Entwicklungschancen.
- Menschen wollen nicht abarbeiten, sondern das Unternehmen mitgestalten.
- Menschen möchten nicht nur Mitläufer eines Arbeitsprozesses sein, sondern wichtiger Teil dessen.

Wer den Fokus auf den Menschen legt, wird ungeahntes Potenzial in seinem Unternehmen freisetzen können. Wer Menschen in einem System berühren möchte, muss sie involvieren, muss sie hineinziehen. Bleiben sie draußen, bleiben sie unberührt und ineffektiv. Und dafür ist es wichtig zu wissen, was in ihren Köpfen resoniert. Man könnte es auch weniger verklausuliert formulieren: Es ist spannend, die Mitarbeiter zu kennen oder sie kennenzulernen. Nicht nur ihre Fähigkeiten und Mehrwerte für das Unternehmen, sondern den ganzen Menschen. Was selbstverständlich anmutet, ist in den letzten Jahrzehnten, aufgrund immer größer werdender Strukturen, schwieriger und seltener geworden. Deshalb sind gute Kommunikatoren unter Führungskräften umso wichtiger. Denen es zudem gelingt, die Mitarbeiter mit Verstand zu verbinden. So vernetzt sich die gebündelte, individuelle selbstbewusste Stärke der Personen zu der der Organisation. Jedenfalls in komplexen dynamischen Systemen mit hoher Interaktivität. Dann kann man den Grad des Steuerns und Regelns auch mal reduzieren, um sich gemeinsam mit den Mitarbeitern den Übergang zu neuen Mustern zu erarbeiten, was nahtlos zum nächsten Punkt führt.

**Mut zum Chaos**
Stabile, emotional kompetente Führungskräfte, die mit den Menschen achtsam umgehen. Schön. Aber auch das schönste La-La-Land-Unternehmen funktioniert nicht ohne verantwortungsbewusste Mitarbeiter. In möglichst jeder Zelle der Struktur oder in jeder Wabe des Organisationsbienenstocks. Resilienz färbt ab, deshalb ist die Grundlage für ein gut funktionierendes Team, immer eine gute Mischung anzustreben. So etwas geschieht nicht aus sich selbst heraus. Zumindest nicht von Anfang an. Dieser Prozess muss bewusst initiiert, angestoßen und gesteuert werden. Schon bei der Personalpolitik und -auswahl, die nicht mehr unter der alleinigen Prämisse Prädikatsexamen steht, sondern die Soft Skills nach vorne rückt. Autsch. Aber es kommt noch bunter:

In jeder Arbeitsphase und auf jeder Hierarchieebene sollte es Aufgaben geben, die die Freiheit eröffnen, eigene Ideen einzubringen, um Prozesse zu gestalten. Lernprozesse nicht nur extern von oben herab aufzuzwingen, sondern gerade auch eigene Initiierte zu dulden und auszuhalten, kann zu wertvollsten Impulsen führen.

Dergleichen zu fördern und nicht aus Angst vor Risiken oder etwa Bequemlichkeit zu deckeln, ist in vielen Firmen schon selbst ein kreativer Akt. Zeit ist Geld. Ja. Doch auch wenn dies zunächst zur Hemmung von Abläufen führt, ist die Gesamtbetrachtung wichtiger. Einheitlichkeit in durch und durch harmonischen, aber deshalb auch eingleisigen Systemen ohne Reibung, verhindert kreative Flüsse. Sie ist deshalb nicht erstrebenswert. In der Natur entstehen Ordnungsmuster auch meistens aus Chaos. Querdenker, ja sogar Störer können die wertvollsten Impulse liefern, wenn sie nicht von Negativität geflutet sind und ihr Ziel nicht die Disharmonie ist, sondern Kreativität.

**Ehrliches Feedback**
Alle Mitarbeiter in ihrer selbststeuernden Mündigkeit unterstützen und dem Einzelnen seine eigene Entwicklung ermöglichen, ohne ihn dabei alleine zu lassen – das ist Mitarbeiterentwicklung unter wertschätzender Führung. Was sich so nebulös anhört wie ein Londoner Herbstmorgen lässt sich leicht mit Leben füllen: Jährliche Mitarbeitergespräche sind gut. Zeitnahe Einzelmeetings sind viel besser. Jeder Mitarbeiter braucht bspw. das Wissen darum, wie sich sein Beitrag auf ein konkretes Projekt und die Erreichung des damit verbundenen Ziels auswirkt. Es sollte eine realistische Einschätzung gegeben werden. Jemandem an der Stelle etwas vorzumachen, lässt ihn nur etwas später ins offene Messer laufen. So aber kann er sich vielleicht umstellen oder bekommt Tipps und verstärkte Anleitung, die ihn im weiteren Verlauf so stärkt, dass er wieder autark arbeiten kann. Die häufigste Konsequenz aus fehlendem Feedback, gerade wenn es ansonsten ungünstig ausgefallen wäre, ist eine enorme Unsicherheit aufseiten des Mitarbeiters. Denn eine unterschwellig vorhandene Unzufriedenheit ist auf Dauer nicht zu unterdrücken. Unsicherheit ist aber ein Faktor, der Resilienz senkt, statt sie zu fördern.

Die Bereitschaft für die Übernahme von Verantwortung sinkt bzw. kommt erst gar nicht auf. Viel zu riskant im Falle eines Fehlers!

## Fehler zulassen

Eine resiliente Organisation braucht Fehler – denn nur daran kann sie wachsen. Klar wächst „man" auch an Erfolgen, aber nachhaltige Erkenntnisse zieht der Mensch tatsächlich eher aus Fehlern und deren konstruktiver Behebung. Doch leider werden Fehler meistens mit Unfähigkeit oder Nachlässigkeit verbunden; sie lösen je nachdem Ärger oder Scham aus: beides Katalysatoren für Stress. Was passiert üblicherweise in Unternehmen, wenn jemand Fehler macht? Fehler werden sehr häufig mit Schuld in Verbindung gebracht. Wir suchen fast immer nach dem Verantwortlichen. Das muss zwar nicht zwangsläufig disziplinarische Sanktionen bedeuten, aber in der Regel bleibt an demjenigen, der den Fehler gemacht hat, doch ein gewisses Stigma haften. Die Suche, oder besser gesagt, Sucht nach der Perfektion, ist im Grunde der Untergang eines jeden Unternehmens, denn wenn alles geklärt ist und es keine Fragen mehr gibt, gibt es auch keine Entwicklung mehr. Sackgasse. O.k. – das mag sich nun wie eine Worthülse anhören. Küchenpsychologie für die Ärmsten, um Huddelei am Arbeitsplatz kleinzureden. Geschenkt. Konzentration ist natürlich das A und O einer guten Arbeitsleistung. Vermutlich sterben Tausende aufgrund einer schludrigen Handschrift ihres Arztes auf Rezepten und sind die meisten aller Flugzeugabstürze und Verkehrsunfälle auf menschliches Versagen zurückzuführen – und die Finanzkrisen sowieso. Weder ein Anwalt noch ein Verwaltungsangestellter und schon gar kein Richter können sich Fehler auch nur im Ansatz leisten, und doch: sie geschehen. Dies zu negieren, macht sie nicht wett.

Sinnvoll wäre es stattdessen zunächst einmal, einen Fehler als neutrales Vorkommnis wahrzunehmen, auf das man sachlich reagieren kann. Wird ein Fehler frühzeitig bemerkt, ist es sogar denkbar, erleichtert zu reagieren. Ein einzelner Fehler löst in den seltensten Fällen eine Katastrophe aus; dazu ist meistens eine Fehlerkette nötig. Ihn so früh wie möglich zu erkennen ist also sinnvoll. Das gelingt umso besser, als dass dem, dem der Fehler unterlaufen ist und der ihn anzeigt, keine Sanktionen drohen. Das einzige, was zählt, ist die Frage, wie der Fehler entstanden ist. Nicht um zu bezichtigen, sondern um die Ursachen zu ergründen und künftig auszuschließen. Übrigens sollte auch der Vorgesetzte offen über eigene Fehler sprechen. Solange Führungskräfte davon ausgehen, das Zugeben eigener Fehler führe zu einem Autoritätsverlust, werden sie keinen offenen Umgang mit Fehlern erreichen. Dieser ist jedoch nötig; eine Fehlerkultur ist nötig. Ein Arbeitsklima, in dem Fehlentscheidungen nicht tabuisiert, sondern ausgesprochen werden, sorgt dafür, daraus entstehende Probleme gemeinsam zu lösen. Entscheidungen zu treffen und zu vertreten, ohne das als Risiko zu begreifen, auch auf die Gefahr hin falsch zu liegen, ohne Sanktionen befürchten zu müssen – das übt, Verantwortung zu übernehmen. Denn ohne Verantwortung gibt es keine Entscheidung. Im Falle einer Krise hilft das, wieder aktiv zu werden und die Zukunft zu gestalten. Eine Grundregel von Reed Hastings (Netflix) lautet: Wenn Mitarbeiter Fehler machen, sollte der Vorgesetzte sich fragen, ob er den Kontext richtig gesetzt hat. Kontext zu setzen bedeutet, über Strategie, Annahmen und Ziele zu sprechen, Kennzahlen zu vereinbaren, Aufgaben klar festzulegen, ausreichend Transparenz und Bewusstsein dafür zu schaffen, worum es dem Unternehmen eigentlich geht (Keese 2018).

Die Erkenntnis, dass sich Fehlervermeidung in komplexen Unternehmensstrukturen nie komplett realisieren lässt, wird nicht zu undisziplinierteren Arbeitsabläufen führen, sondern zu einem moderneren Fehlermanagement, welches die Offenlegung von Fehlern nicht hierarchisch deckelt, sondern beflügelt. Wenn aus Angst Fehler vertuscht werden oder nur hinter vorgehaltener Hand darüber gesprochen bzw. der Weg dorthin als grundsätzliches Wagnis aus Angst überhaupt nie beschritten wird, bleiben nicht nur tatsächliche Fehlerursachen unerkannt, sondern gewagte Wege unbeschritten. Allerdings bringt Simon Sinek das darin enthaltene Gefahrenpotenzial noch klarer auf den Punkt: Wenn die Mitarbeiter sich mit Risiken innerhalb der Organisation beschäftigen müssen, ist die Organisation nicht gut für äußere Gefahren gerüstet (Sinek 2018).

**Gestaltung der Unternehmenskultur**

Es ist entscheidend, ob Werte des Unternehmens mit den eigenen Werten möglichst vieler Mitarbeiter übereinstimmen. Gleiche Grundwerte bedeuten gleiche Ziele. Menschen mit ähnlichen Wertevorstellungen tendieren dazu, sich ähnlich zu verhalten. So können Verhaltensweisen besser vorhergesagt und Aufgaben besser koordiniert werden. Außerdem gilt die Beziehungsqualität der Belegschaft untereinander und zwischen der Unternehmensleitung und den Mitarbeitern vor dem Auftreten von Widrigkeiten als wichtiger Faktor für ein erfolgreiches Coping während einer Krise.

Entsprechend wichtig ist die Werteassoziation aller mit dem Unternehmen. Der Job dient dem Überleben. Nichts daran auszusetzen. Der Kunde verschafft einem Mandate. Super! Aber welche Energien fließen, wenn ich mich als Arbeitnehmer oder Dienstleister mit den systemischen Rahmenbedingungen nicht identifizieren kann? Hauptsache Gehalt oder Rechnung stellen, ok. Aber was, wenn ich die Werteebene teile, werde ich dann nicht sehr viel effektiver? Und vor allem – stressresistenter? Absolut! Wird jemand eingestellt, der nicht ins Team oder zu der Unternehmenskultur passt, hemmt dies genauso die Produktivität wie es die Inkompetenz fördert. Die daraus resultierende Unzufriedenheit führt zu Fluktuation; hohe Fluktuation ist ebenfalls ein Produktivitätskiller und kostet bares Geld.

Leitbilder erstellen oder von Marketingagenturen kreieren lassen kann jeder. Sie mit Leben tagtäglich im Unternehmen füllen, ist die wirkliche Herausforderung. Einen Wertediskurs überhaupt zulassen und führen und Kodizes guten Führungshandelns konkretisieren, verhilft der Organisation zu Widerstandskraft und ist purste Stressprävention.

### Arbeitszeiten als Anker

Strukturen geben einen stabilen Rahmen und damit Sicherheit für die täglichen Prozesse. Planbarkeit, Vorherseh- und -sagbarkeit und Verlässlichkeit: Die qualitative Ausgestaltung der Arbeitszeit darf durchaus an den vielschichtigen Arbeitsprozessen ausgerichtet werden, doch immer mit dem Augenmerk auf die menschlichen Bedürfnisse und Ansprüche. Lange Arbeitszeiten sind viel weniger das Problem, als über Dauer, Lage und Verteilung im Ungewissen zu sein. Stabilität bzw. Regelmäßigkeit und Vorhersagbarkeit von Arbeitszeit scheinen da in Konflikt zu kommen mit der Arbeitszeitvariabilität, die sich viele Arbeitnehmer ja wünschen. Auch das ein hehrer Anspruch an Führung, diesen Wunsch nach Arbeitszeitsouveränität mit den Indikatoren psychischer Gesundheit in Einklang zu bringen. Ein wertvoller Zug: die klare Abgrenzung von langen Arbeitszeiten zu Überstunden. Atypische Arbeitszeiten sind nicht verboten und in so mancher Organisation auch nicht zu verhindern. Ihre offene Bewertung als Risikofaktor für ein erhöhtes Stressempfinden und daraus resultierenden mentalen Beschwerden könnte da jedoch schon mal ein Anfang sein, nicht nachzulassen in dem Bemühen, etwas festere Strukturen zu schaffen.

**Verankerung von festen Auszeiten**

Die arbeitsbezogene erweiterte Erreichbarkeit kann auch eine feste Struktur eines Unternehmens beschreiben. Dieses Verständnis umfassender Verfügbarkeit von Mitarbeitern, das sich über die Arbeitsdomäne hinaus auf andere Lebensbereiche erstreckt, läuft dem vorherigen Punkt jedoch komplett zuwider. Was nicht heißt, sie würde nicht immer extensiver erwartet. Ich erinnere mich noch sehr gut an den ersten Familienurlaub, in den mein Mann Anfang der 90er das erste Handy mitnahm – er versteckte sich damals noch in den Dünen, weil es ihm ultrapeinlich war, in der Öffentlichkeit zu telefonieren. Wir hielten es alle für einen Zugewinn an Lebensqualität, dass endlich der absoluten Notwendigkeit permanenter Erreichbarkeit und Möglichkeit zu intervenieren Genüge getan worden war. Denn natürlich waren wir und unsere Expertise nicht ersetzbar – auch nicht für zwei Wöchelchen. Oder die erste Installation eines TeamViewers und wie begeistert ich als Selbstständige von dieser Möglichkeit war. Sich von zu Hause aus jederzeit im Büro aufzuschalten und entsprechend jederzeit arbeiten zu können, war und ist ja auch praktisch. Doch entbindet Praktikabilität nicht von Regeln. Im Gegenteil sind Lösungen, die aus einem sowieso schon dehnfähigen 9 to 5 einen 24-h-Support machen, ganz bewusst zu reglementieren. Denn die Durchlässigkeit der Grenze zum Privaten tangiert nicht nur unmittelbar den Mitarbeiter, sondern auch sein Umfeld. Seine Probleme nicht abschalten zu können, um sich zu erholen, können Konflikte zwischen den Lebensbereichen heraufbeschwören. Selbst wenn es sich lediglich um die Möglichkeit einer Kontaktaufnahme handelt, zerstört es die Punkte: Planbarkeit, Vorsehbarkeit und Verlässlichkeit. Die werden im Zusammenspiel von Arbeitsbedingungen und Arbeitszeit aber immer wichtiger. Daher: Setzen Sie feste Blockzeiten als gezielte

Auszeiten, die der Regenerierung dienen können, auf Organisationsebene um. Und: Urlaube sind per se immer tabu. Das haben mein Mann und ich dann auch irgendwann begriffen. Zumal dies nicht zu beherzigen ein sehr schlechtes Licht auf die Auswahl, aber vor allem den Aufbau der Mitarbeiter wirft. Mal von der Kunst zu delegieren ganz zu schweigen.

Wer als Chef die Organisation seiner eigenen Zeitplanung im Griff hat, wird diese auch für seine Mitarbeiter verantwortlich einsetzen. Was uns zum nächsten Thema bringt.

# 6.3   Das Zeitmanagement

> Eure Zeit ist begrenzt. Vergeudet sie nicht damit, das Leben eines anderen zu leben.
> Steve Jobs

Über den folgenden Teil habe ich lange nachgedacht. Weil mir das Thema und meine Tipps dazu für Ihr Arbeitsumfeld und die damit einhergehende Beanspruchung gleichermaßen wichtig wie absurd erschienen – zumindest zunächst.

**Kein Einhorn ist auch keine Lösung**

Wie im letzten Kapitel beschrieben, gibt es ja nicht DEN Juristen. Und doch vereint fast alle ein wichtiger Punkt: Wer dem Stress des Studiums und der Examina standgehalten hat – die Durchfallquoten bleiben trotz Prüfungsreformen offenbar legendär –, den empfängt ein Arbeitsmarkt, der knallhart aussortiert. Hauptsache bestanden zu haben genügt für nicht viel. Das Sieben nach Noten ist in den letzten Jahren etwas weniger dramatisch geworden, da auch in dem Bereich unsere Konjunktur in Korrelation zu den demografischen Zahlen für

eine Nachfragesteigerung der Großkanzleien gesorgt hat.
Diese werfen bereits nach den Studenten und Referenda-
ren ihre Netze aus – doch bleiben gute Examina weitgehend Pflicht. Die Traumjobs im Staatsdienst oder in einer
gut dotierten Kanzlei erreichen deshalb nicht alle Absol-
venten. Die, die sich eine Nische auf dem umkämpf-
ten Arbeitsmarkt mühsam suchen müssen, müssen auch
Abstriche beim Gehalt hinnehmen. Bei einer kleineren
Kanzlei anzuheuern oder sich selbstständig zu machen –
beides hat Vor- und Nachteile. Da wird mit Beteiligungen
gelockt, was das Grundgehalt entsprechend reduziert, und
am Ende ist es oft nicht weit her mit den Versprechungen.
Dann winken Kündigungen oder die Option freier Mitarbeiterschaft, was das Arbeitspensum nicht gerade nivel-
liert, geschweige denn reduziert. Oder man begibt sich
direkt an den Aufbau einer eigenen Kanzlei mit eigenem
Mandantenstamm, was enorme Kraft und meistens viele
Jahre Einnahmen gerade mal am Existenzminimum kostet, bis sie rentabel wird. Da wünschte man sich, oder besser gesagt jenen, eher Unternehmer mit Rechtskenntnissen
als umgekehrt. Selbstverständlich ist der Markt nicht nur
übersät mit (sich selbst) Gruben grabenden Berufständ-
lern – mitnichten. Aber wir befinden uns ja hier thematisch bei den Steilklippen Ihrer Berufsgruppe. Da macht es
nicht viel Sinn, den Teil zu betrachten, der aus sich selbst
heraus funktioniert, oder dem anderen Einhornkaramel-
honigsauce überzugießen. Dass man im Staatsdienst eine
ruhige Kugel schieben bzw. sich seine Arbeit nach freiem
Duktus und momentaner Gefühlslage einteilen kann – das
gilt auch nicht unbedingt für die juristischen Bereiche.

Bei dieser Gemengelage liegen 9-to-5-Jobs im Mikro-
bereich. Über 50 h zu arbeiten ist in allen Bereichen eher
die Regel denn die Ausnahme, und manch einer wünschte
sich den 26-h-Tag. Hinzu kommt die große Verantwortung, die mal nicht so eben in geführte Auszeiten oder

Time-out-Übungen gesteckt werden kann. Jedes einzelne Mandat ist wichtig – entweder um die nächste Miete zu zahlen oder den Großkunden nicht zu verprellen. Man mag sich gar nicht vorstellen, was „ein großer Deal" dazu sagen würde, ihm schallte ein: „Jetzt geht's leider nicht so gut, unsere Anwälte befinden sich alle in ihren wohlverdienten geblockten Reflexions-Auszeiten, damit sie auch morgen wieder kraftvoll für Sie tätig sein können."

Und ich tue es dennoch. Ohne an einer einzigen Stelle irgendetwas zu relativieren, denn dass ich um die grundsätzlichen Probleme weiß, die es bereitet, die folgenden Tipps umzusetzen, habe ich nun deutlich gemacht. Jeder von Ihnen steckt in einem anderen Lebenskonstrukt: ob (Groß)-Kanzlei, Richteramt, Personaler oder Sachbearbeiter etc. – ich hoffe, es ist in den seltensten Fällen ein Lebenskorsett. Ich wünsche mir immer mal wieder an einigen Stellen des Buches ein Aufhorchen, und sei es nur ein Zucken Ihrer rechten Augenbraue. Ein intrinsisches – „Ja, stimmt ..." ohne ein „Ja, aber ..." hinterherzudenken. Ein einfaches „Vielleicht geht's ja doch ..." wäre mir schon sehr viel wert. Ich freute mich sehr für Sie – persönlich.

Der allergrößte Teil von Ihnen hat studiert. Da dürfte man sich mit dem Thema Verbesserung der eigenen Arbeitsorganisation und -struktur mehr als einmal auseinandergesetzt haben. Wenngleich die persönliche Arbeitsmethodik auch an den Unis kaum Raum einnimmt und die meisten Menschen auf diesem Gebiet auf sich selbst angewiesen sind, so haben doch die Juristen spätestens in der Examensvorbereitung keine andere Wahl mehr. Sie müssen sich planvoll und systematisch organisieren. Wer dies in den Beruf retten kann – herzlichen Glückwunsch. Sie überblättern nun einfach die nächsten Seiten – kein Problem.

Für die anderen fasse ich auf den nächsten Seiten ein paar Prinzipien, Techniken und Hilfsmittel zusammen, die Sie vielleicht schon kennen, aber nun ist die Zeit gekommen, sie auch anzuwenden. Sie in Ihren persönlichen Stil zu integrieren. Denn dies wird Leistungshemmnisse abbauen und damit Ihren persönlichen Arbeitsdruck = Stress etwas reduzieren.

## Die Beschleunigungsfalle

Wenn die Arbeitsanforderungen strukturell und für lange Zeit die Ressourcen übersteigen, kann dies letztendlich zu emotionaler Erschöpfung führen. In Unternehmen, die von der Beschleunigungsfalle betroffen sind, stoßen die Mitarbeiter häufig an ihre Grenzen, haben so viel zu tun, dass sie oft überfordert sind, arbeiten durchgehend unter erhöhtem Zeitdruck, und die Prioritäten sind für die Mitarbeiter oft unklar oder wechseln häufig. Hinzu kommt, dass sich intensive Arbeitsphasen nicht mit ruhigeren Phasen abwechseln und die Mitarbeiter keine Möglichkeiten haben, Kraft zu tanken. Das bedeutet, dass ihnen wichtige Ressourcen fehlen, um sich gegen die Überlastung zu schützen. Führungskräfte sollten deshalb wissen, wie sie Erschöpfungszustände erkennen, beheben und in Zukunft vermeiden. Am besten wäre es jedoch, noch sehr viel früher anzusetzen. Das tue ich jetzt mal in meiner unnachahmlichen Art, Themen von allen Seiten und vor allem auch mal anders anzupacken.

## Die Zeit hat den natürlichen Rhythmus überwunden

Halte Dir die rasende Schnelligkeit der Zeit vor Augen.
L. A. Seneca (4 v. Chr.–65 n. Chr.)

Bei der ungeheuren Beschleunigung des Lebens werden Geist und Auge an ein halbes und falsches Sehen und Urteilen gewöhnt.
Friedrich Nietzsche (1844–1900)

Der Mensch von heute hat nur ein einziges wirklich neues Laster erfunden: die Geschwindigkeit.
Aldous Huxley (1894–1963)

Wie die zeitlichen Hintergründe dieser Zitate zeigen, ist die Beschleunigung an sich kein neues Phänomen unserer Zeit. Und doch hat sich ausgesprochen viel verändert: Nicht mehr der Job organisiert den Menschen, sondern der Mensch organisiert den Job. Das mag sich fortschrittlich, weil autark und selbstbestimmt anhören, braucht aber auch die Befähigung dafür und vor allem: basiert auf einer besorgniserregenden Entwicklung.

Früher war es die Arbeit selbst, das schlichtweg Auszuführende, was die Menschen organisierte: automatisierte Abläufe, durch den Tageslicht- und Wetterrhythmus in Szene gesetzt. Das ergab eine korsettähnliche Planwirtschaft, die aber strukturelle Sicherheit und Stabilität versprach, ohne die Luft abzuschneiden. Unsere modernen Organisationen sind davon weit entfernt. Der Mensch gerät immer mehr in Spannungsfelder bezüglich seiner natürlichen Kreisläufe und den in der Arbeitswelt auf ihn einwirkenden unnatürlichen Kräften. Von unseren inneren Uhren, dem Biorhythmus bis zu den Jahreszeiten, sind wir eigentlich auf einen natürlichen, immer wiederkehrenden Rhythmus, ausgerichtet. Diese Rhythmik bestimmt den menschlichen Körper und seine Natur, von der Geburt bis zum Tod. Tag und Nacht, Hell und Dunkel, Frühling, Sommer, Herbst und Winter sind die elementarsten Erfahrungen des menschlichen Körpers. Historisch betrachtet, hat man Zeitvorstellungen aus dieser Natur übernommen, um politische, soziale und ökonomische Ordnungen menschlicher Gesellschaft zu organisieren. Doch die moderne Arbeitswelt hat sich nicht nur von den natürlichen Erntekreisläufen der Jahreszeiten verabschiedet. Rationalisierung, Technisierung und der Cashflow überlagern die wichtige Funktion eines natürlich strukturierten Tages und Zeitgefüges.

Mittlerweile sind sogar etliche Singvogelarten gefährdet, weil sie durch das nächtliche Kunstlicht, passenderweise „Lichtmüll" genannt, in ihren natürlichen Abläufen völlig durcheinandergeraten. Sie knallen gegen Leuchtreklamen, sie singen in der Nacht. Ihr über Jahrtausende gewachsenes Aktivitätsmuster und ihr Biorhythmus gehen verloren. Und der Mensch? Leidet zunehmend unter dem progressiven Entzug von Sinneserfahrungen, was schwerwiegende Auswirkungen auf Wohlempfinden und Leistungsfähigkeit haben kann. Folgeerscheinungen des Arbeitens in Organisationen, die kaum Grenzen kennen. Die die Zeit nicht mehr als ein systemisches Erfassungsorgan und optimalen Messfühler für wiederkehrende und zyklische Ereignisse ansehen, sondern die mit ihrer „Überdehnung" Druck von der Zeit selbst ausüben lassen: Zeit dirigiert den Alltag – körperliche Rhythmen kommen dagegen nicht mehr an. Aber das sind nur ein paar weichgespülte Gedanken am Rande. Nun weg von der Zeitfalle und hin zu den Business-Hard-Facts, denn immerhin ist systematisches, methodisches Arbeiten der Schlüssel für die Umwandlung von Fertigkeiten in erfolgreiche Ergebnisse. Wobei dies meine Gedanken bei genauerem Hinsehen nicht obsolet macht, sondern sie im Gegenteil – inkludiert.

**Effektivität ist super. Effizienz ist superb.**

Wenn Sie Getriebensein und infolgedessen Stress empfinden, könnte es umgekehrt auch an Ihrer Methodik liegen, die entweder von Grund auf in die falsche Richtung läuft oder die Sie an oft unmerklich entstehende neue Anforderungen nicht schnell genug angepasst haben. Dann gibt es ein paar Möglichkeiten: Sie versagen an Ihrer Aufgabe, Beziehungen und Familie kommen zu kurz, Sie gehen selbst in die Knie oder – Sie ändern die Art, wie Sie Ihre Tätigkeiten organisieren.

Im Laufe meines beruflichen Werdegangs hatte und habe ich fast täglich mit dem Thema zeitliche Planung bzw. Nichtplanung zu tun, ja zu kämpfen. Ob es sich früher um meine Mitarbeiterschaft handelte oder heute um Kunden oder Freiberuflerkollegen: effektiv sind viele, effizient die wenigsten! Die zeitliche Planung anhand eigener realistischer Zielsetzungen und Prioritäten durchzuführen, erscheint als „Tipp" derart banal, dass er schon fast wieder genial wird, schaut man sich die Realität im Business an. Ob Hektik oder Prokrastination, Dauerstress oder Langeweile, Über- oder Unterforderung, überladene Schreibtische oder E-Mail-Accounts – all das kostet Nerven, belastet das Betriebsklima und das Arbeitsergebnis, was wiederum Stress verursacht u. s. w. u. s. f.

Zeitmanagement im Rahmen einer sinnvollen Selbstorganisation bedeutet jedoch nicht, mehr Dinge in kürzerer Zeit abzuhaken, sondern mehr Zeit in weniger, aber wichtigere, Aktivitäten zu investieren. Nicht die Zeit vergeht, sondern Ihr Leben. Die Lebenszeit sinnvoll zu planen bringt also nicht mehr davon, doch schafft sie Freiräume für Aktivitäten, die das Leben sinnvoll erscheinen lassen. Neben dem bedeutsamen Job. Denn seine Arbeit zu lieben ist klasse, aber für sich alleine genommen nicht der Kardinalsweg. Sich selbst optimal zu organisieren bedeutet, das persönliche Zeitfass von den vielen überflüssigen Zapfhähnen zu befreien und die verbleibenden möglichst selbst zu bedienen.

**Also dann: O'zapft is!**
Zeitmanagement kostet zunächst mal (Planungs-)Zeit. Deshalb müssen Sie absolut davon überzeugt sein, dass es für Ihr Dasein Sinn macht und Ihnen Vorteile bringt. Ich würde Sie ja nun bitten, sich einmal die Vorteile zu

notieren, die Ihnen selbst spontan einfallen, aber da Sie es sowieso nicht tun werden, übernehme ich das mal eben – noch:

- Verbesserung der Arbeitsorganisation
- Reduzierung des Aufwandes
- Erzielung besserer Arbeitsergebnisse
- Vergrößerung der Zufriedenheit
- Erhöhung der Motivation
- Qualifikation für höhere Aufgaben
- Handhabbarerer Leistungsdruck
- Effizientere Erreichung der Ziele
- Reduzierung von Hektik UND Stress
- Mehr Zeit für's Nichtstun!!!

Die Planungszeit wird sich immer gegenrechnen und in eine verkürzte Durchführungszeit umwandeln lassen, sodass unter dem Strich ein Zeitgewinn herauskommt. Ansonsten hätten Sie etwas falsch gemacht.

**Von oben nach unten: Vom Lebensziel zu den Tageseinheiten**

Im Rahmen der Gesamtplanung orientiert sich die Zeitplanung an Ihren jeweiligen Langzeitzielen. Arbeiten Sie, um zu leben oder indem Sie Ihre Arbeit Ihrem Lebensziel anpassen? Gerne würde ich Ihnen nun noch vom „Zweck der Existenz" von John Strelecky erzählen – aber der Platz reicht leider nicht. Sein „Café am Rande der Welt" komplett zu lesen ist aber eh sinnvoller. Doch sein „Museumstag" ist ein wirklich guter Impuls, passt ganz wunderbar in unseren Kontext und ist kurz erzählt: Was wäre, wenn jeder Moment an jedem Tag im Leben aufgezeichnet würde? Was man gemacht hat, mit welchen Menschen man zu tun hatte, wie man seine Zeit verbracht hat, wie man sich fühlte. Am Ende des Lebens würde daraus ein Museum errichtet. Es zeigt dieses Leben genauso, wie Sie es gelebt haben. Alles. Und Sie gehen jetzt hindurch. Sie sehen Videos, hören Aufnahmen, betrachten Fotos. Weckt das Gefühle? Welcher Art? Von Versagen, Erfolg oder Ansporn? Von weiter so oder Kehrtwendung? Gefällt es Ihnen, wie es augenblicklich ist? Und wenn nicht: Was sollten und was könnten Sie wie ändern? Diesem Ansatz vertieft nachzugehen, bedeutet natürlich, in die Selbstreflexion einzusteigen. Eine ganz gute Präambel zu den Maßnahmen des pragmatischen Zeitoptimierens.

Die damit beginnen das Lebens- oder die Langzeitziele schrittweise in überschaubare Teilziele aufzuteilen. Die dafür notwendigen Themen: Zielfindung und Zielsetzung sowie die jeweiligen Zeitspannen muss ich wieder mal aus Platzgründen leider Ihnen überlassen. Aber der Hinweis darauf, dass Mehrjahrespläne bzgl. der persönlichen und beruflichen Entwicklung und daraus abgeleitete Jahrespläne sinnvoll sind, sei mir gestattet. Dies weiter herunterzubrechen lohnt sich gleichfalls: Der Quartalsplan dient als Kontrollinstrument des Jahresplans und sollte in regelmäßigen Abständen bzgl. notwendiger Änderungen oder Verschiebungen flexibel überdacht werden. Die zu berücksichtigenden Aufgaben und Ziele werden in den Monatsplan übernommen, und spätestens beim Wochenplan findet sich vermutlich jeder wieder. Allerdings lässt man sich von ihm meistens vor sich hertreiben, statt ihn detailliert und vorausschauend geplant anzulegen und hernach abzuarbeiten. Stellen Sie alle Aufgaben und Tätigkeiten hinsichtlich Umfang und Zeit für die betreffende Woche – ausgehend vom Monatsplan – zusammen. Sie werden sehen: Ihre Tagespläne erstellen Sie demnächst wie im Schlaf, obwohl sie die letzte und zugleich wichtigste Stufe der Zeitplanung und Realisierung der gesetzten Ziele darstellen.

**Methoden der Zeitplanung**

Kinder, Teenager und Jugendliche werden immer wieder von Erwachsenen gemaßregelt, weil sie sich nicht angemessen konzentrieren (können). Die Gründe dafür lassen wir mal dahingestellt. Ich möchte stattdessen fragen: Können es die „Großen"? Sowohl sich der momentanen Tätigkeit voll und ganz hingeben als auch diese schwerpunktmäßig bearbeiten? Dafür muss man nämlich in der Lage sein, Schwerpunkte zu setzen und Wesentliches vom Unwesentlichen zu separieren, die Arbeit nach dem Grundsatz zu organisieren, über sie zu verfügen und nicht umgekehrt, und den Arbeitsalltag von selbst- und fremdbestimmten Unterbrechungen freizuhalten:

- **Prioritäten setzen**
- **Unterbrechungen aussetzen**

## 6.3.1 Prioritäten setzen

> Du gewinnst, wenn das Spiel in deinem Rhythmus gespielt wird. Jeder Basketballfan weiß das.
> George Sheehan

Zeit kann man nicht kaufen – sie steht jedem gleichermaßen zur Verfügung. Sie können sie nicht aufsparen – sie verstreicht unaufhaltsam. Man kann Zeit weder horten noch sie anhalten. Abgelaufene Zeit lässt sich nicht zurückholen. Und: Zeit kann man eigentlich gar nicht managen, nur Aktivitäten, die sich auf die gestellten Aufgaben beziehen.

**Die Flut der Aufgaben: Sorgen Sie für Ebbe, um nicht unterzugehen**

Wer täglich viele Aufgaben zu bewältigen hat, braucht Routinen, um den Berg an Arbeit zu schaffen. Die Dinge gehen dann leicht von der Hand, weil man nicht jedes

Mal von Neuem entscheiden muss, wie sie angegangen werden können. Doch stellen Gewohnheiten auch eine Gefahr dar: Wer auf Autopilot läuft, fragt nicht mehr, ob es nicht einen besseren Weg gibt, zum Ergebnis zu kommen, oder ob es überhaupt noch sinnvoll ist, dieses oder jenes weiter zu verfolgen. Deshalb: Setzen Sie sich feste Zeiten, straffen Sie Abläufe oder entledigen Sie sich einzelner Tätigkeiten oder übertragen Sie Befugnisse.

### a) Terminieren!

Jetzt oder nie – gilt nicht nur nicht immer, sondern manchmal selten. Deshalb empfiehlt es sich kaum einmal, sofort unreflektiert loszulegen, wenn eine Aufgabe an Sie herangetragen wird. Prüfen Sie stattdessen, wann der richtige Zeitpunkt dafür ist: Warum ausgerechnet jetzt? Dafür müssen alle notwendigen Informationen bzw. Materialien zur Verfügung stehen. Doch selbst wenn dies der Fall ist, kommt es darauf an, ob die Tätigkeit einen anderen Ablauf störend unterbricht oder Zeitverlust bedeutet. Wenn nicht ausreichend Ruhe oder Konzentration dafür vorhanden ist, kann die Aufgabe auch nicht ordentlich bewältigt werden. Dann ist es besser, sie auf einen anderen Zeitpunkt zu terminieren. Gegen den inneren Drang, der Dringlichkeit den Vorzug zu geben, hilft das:

### Eisenhower-Prinzip

Beim Zeitmanagement nach Eisenhower hat Wichtigkeit höhere Priorität als Dringlichkeit. Was nicht wichtig ist, wird delegiert oder nach hinten verschoben. Was weder wichtig noch dringlich ist, wird delegiert oder ganz verworfen. In die Kategorie „Wichtig" gehört alles, das schnell erledigt werden muss und den höchsten Wert hat. Zum Bereich „Dringend" gehören Aufgaben, die Sie lange vor sich hergeschoben haben und die sich nun in den Vordergrund drängen.

1. **wichtig, dringend:**
   Wichtige und dringende Aufgaben haben die höchste Priorität; Sie sollten sie sofort und selbst erledigen.

2. **wichtig, nicht dringend:**
   Wichtige, nicht dringende Aufgaben sind Aufgaben, die Sie selbst erledigen sollten, da auch sie der Zielerreichung dienen.

3. **nicht wichtig, dringend:**
   Nicht wichtige, dringende Aufgaben können an andere Personen delegiert werden.

4. **nicht wichtig, nicht dringend:**
   Nicht wichtige, nicht dringende Aufgaben sollten Sie grundsätzlich nicht bearbeiten, da sie nicht der Zielerreichung dienen.

Der letzte Punkt führt uns direkt zum nächsten Punkt:

**b) Rationalisieren oder gar eliminieren!**

Gewohnheiten und Routinen in den Abläufen sind hilfreich. Sie sind sogar Stresshemmer, weil sie Sicherheit vermitteln. Aber jedes Menschen Kapital an Zeit ist begrenzt. Deshalb ist die Frage nach der Notwendigkeit einer Tätigkeit, eines regelmäßigen Termins in immer gleichem Ablauf oder ähnlichem immer sinnvoll. Etwas einzig immer so zu tun, weil es immer schon so getan wurde, ist hingegen destruktiv: Warum ausgerechnet so? Vielleicht führt diese Frage sogar dazu, sie zu erweitern: Warum überhaupt? Die grundlegende Entscheidung, ob eine Aufgabe überhaupt noch auf der Agenda stehen soll, ist nicht leicht zu treffen. Vermutlich spielen auch hier wieder die Basalganglien eine Rolle. Denn die Entscheidung gegen Gewohntes ist mit Unsicherheit verbunden. Auch nach besseren oder effizienteren Verfahren zu suchen, ist manchmal lästig, doch ist die Hemmschwelle geringer, wenn nicht sofort die Streichung auf der Agenda steht.

Wer einmal die Entlastung gespürt hat, wenn Veränderungen wirken, ist jedoch auch den inneren Widerständler schnell los.

Es geht dabei aber nicht nur um die in Rede stehenden Abläufe, sondern vor allem um die Befähigung zur selbstkritischen Hinterfragung, ob alles, was automatisiert ausgeführt wird, deshalb auch wirklich notwendig ist. Für knifflige, zeitraubende Prozesse gelten die Fragen natürlich umso mehr. Es geht nicht darum, eine Quote zu erfüllen und auf Teufel komm raus Veränderungen durchzuführen. Aber irgendwann gehört alles mal auf den Prüfstein – ohne Rücksicht auf liebgewonnene Abläufe. Die Hinterfragung der Notwendigkeit ist wichtiger. Dabei ist es sinnvoll, sich nicht eine Tätigkeit isoliert herauszupicken, sondern einmal nach der ABC-Analyse sachlich alle regelmäßigen Aktivitäten zu priorisieren. Diese Liste kann dann nach Bedarf stetig aktualisiert werden.

**ABC-Analyse**

Die ABC-Analyse legt fest. Sie geht von der Erfahrung aus, dass die Prozentanteile der wichtigsten und weniger wichtigen Aufgaben an der Menge der Gesamtaufgaben mehr oder weniger konstant sind. Die Buchstaben stehen dabei für Klassifizierungen:

- A-Aufgaben sind wichtig und dringend. Sie stehen ganz oben auf der Liste und können von Ihnen nur persönlich (oder im Team verantwortlich) und müssen möglichst schnell erledigt werden. Der Mengenanteil entspricht in der Regel 15 %, während der Wertanteil für die ausgeübte Funktion etwa bei 65 % anzusiedeln ist.
- B-Aufgaben sind etwas weniger wichtige oder dringende Aufgaben ohne große Bedeutung. Sie stehen an zweiter Stelle auf der Liste und werden nach den

A-Aufgaben erledigt. Sie können delegiert werden und nehmen einen identischen Mengen- und Wertanteil von etwa 20 % ein.

- C-Aufgaben stehen an letzter Stelle: Routinearbeiten, Papierkram, Lesen, Telefonieren. Hier kommt sogar eine komplette Streichung der Aufgaben infrage. Die Skalierung ist zu A genau umgedreht: 15 % zu 65 %.

### Zehn-Sekunden-Regel

Wer nicht zimperlich und wem die ABC-Analyse grad zu lästig ist, kann es auch mit der simplen Frage versuchen: *Wozu ist es gut, dass ich das jetzt mache oder vorhabe?* Fällt Ihnen dazu innerhalb weniger Sekunden nichts ein – streichen Sie es.

Wem das wiederum zu drastisch ist, vielleicht doch noch ein etwas moderateres Hilfsmittel:

### Resultate statt Tätigkeiten

Legen Sie Endzustände fest und keine bloßen Tätigkeiten. So richten Sie Ihre Aktivitäten von Anfang an auf Ihre Ziele hin aus, und Sie kommen weniger in die Versuchung, ungeplantes oder ineffizientes Tun abzuarbeiten. Fragen Sie sich immer, was am Ende der Tätigkeit erreicht worden sein sollte. Das ist in fremdgesteuerten Terminen bspw. bei Gericht natürlich kaum mal umzusetzen, aber gerade in Mandantengesprächen kann es eine sinnvolle Strategie sein.

### c) Delegieren!

Sind Sie wirklich zuständig? Kann diese Aufgabe nicht delegiert werden? Müssen Sie jeden Nebenkriegsschauplatz selbst besetzen? Glauben Sie, Sie könnten alles (schaffen) bzw. immer besser als andere? Dann wird es Zeit, diese Glaubenssätze zu überprüfen: Warum gerade ich?

Das Delegieren ist ganz besonders wichtig, wenn:

- es sich um Routineaufgaben handelt, die leicht anzulernen sind
- Sie sich spezialisieren wollen oder müssen
- Sie die Kompetenz für einen bestimmten Aufgabenbereich nicht haben bzw.
- andere dies einfach schneller können
- es neben Ihnen Mitarbeiter gibt, die es mindestens genauso gut können
- Sie andere Personen (Kollegen, Familienmitglieder) in deren Weiterentwicklung unterstützen wollen und die Übernahme dieser Aufgaben ein Teil davon ist

**Die Kunst des Delegierens**

Was du nicht selber kannst besorgen, das verschiebe auch nicht auf morgen – eigentlich ganz einfach. Ich muss und werde Ihnen nicht erklären, was es bedeutet zu delegieren. Ich werde es Ihnen aber versuchen ans Herz zu legen. Auch Ihnen, der Sie nun gerade denken: *Ja, klar und wovon träumt sie nachts? Wenn ich etwas abgebe, bin ich hinterher unzufrieden. Da mach ich's doch lieber direkt selbst.*

Ich kenne das. Ich würde mich nicht als Perfektionisten bezeichnen. Auch werde ich nie richtig wütend. Ich bin eher mit einem natürlichen Phlegma gesegnet, das im Griff zu behalten eine tägliche Anforderung stellt. Insofern implodiere ich dann eher innerlich, wenn etwas nicht so läuft, wie ich es gerne (gehabt) hätte. Denn das kostet Nerven und Kraft – zusammengenommen: wertvolle Energie, die ich meistens lieber direkt spare, indem ich nichts auslagere, sondern einfach ein Schäufelchen auf meinen Kessel drauflege. Und doch habe ich gelernt, dass es mindestens zwei geeignete Aufgaben für das Weitergeben gibt: Routineaufgaben und Aufgaben für Spezialisten. Für vieles ist mir meine Zeit mittlerweile zu schade, und anderes kann ich schlichtweg nicht so gut wie andere. Meistens fallen diese beiden Punkte übrigens in einer anderen Person zusammen. Logisch. Und Praktisch. So einfach ist das. Für Führungskräfte kommt noch ein anderer wichtiger Punkt hinzu: Es geht nicht nur um die eigene Entlastung von Arbeit, sondern auch um die Übergabe von Verantwortung an Mitarbeiter. Das ist sicher nicht immer einfach, aber doppelt so wichtig.

Die folgenden Fragen helfen dabei, den Delegationsauftrag adäquat zu erteilen. Wenn Sie diese Checkliste ein paar Mal genutzt haben, wird Sie Ihnen ins Blut übergegangen sein und automatisiert ablaufen:

### Die 6-W-Formel

- **Was** ist zu tun? (Inhalt)
  Welches Ergebnis wird angestrebt? Welche Abweichungen können in Kauf genommen werden? Welche Schwierigkeiten sind zu erwarten?
- **Wer** soll was tun? (Person)
  Wer ist am ehesten geeignet, diese Aufgabe auszuführen? Wer könnte mitwirken?
- **Warum** soll er/sie es tun? (Motivation/Ziel)
  Welchem Zweck dient die Aufgabe?
- **Wie** soll vorgegangen werden? (Umfang, Details)
  Welche Verfahren sollen angewandt werden? Welche Kosten dürfen entstehen?
- **Womit** soll es gemacht werden? (Arbeitsmittel)
  Welche Hilfsmittel sollen eingesetzt werden?
- **Wann** soll es erledigt werden und sein? (Zwischen- und Endziel)
  Welche Zwischentermine sind einzuhalten? Wann muss ich was kontrollieren, um gegebenenfalls eingreifen zu können?

## 6.3.2 Unterbrechungen aussetzen

Zu dem Tagwerk der meisten Juristen gehören Unterbrechungen – obwohl ich Mandanten- und Gerichtstermine nicht unter die Form von Unterbrechung vom Tagwerk subsumieren würde, die ich hier ansprechen möchte, denn sie machen ja einen wichtigen Teil des Arbeitsaufwands aus. Aber gerade weil dieser bereits unabwendbar etliche Stunden absorbiert, ist die restliche Zeit, in der es um die Vor- oder Nacharbeit dieser Termine geht, umso kostbarer zu bewerten.

Unterbrechungen gehören zu den größten Stressauslösern. Das liegt an deren Quantität. Niemand hätte etwas gegen eine oder zwei Unterbrechungen an einem normalen achtstündigen Arbeitstag, doch sie scheinen sich allgegenwärtig einzuschleichen. Sodass man am Ende des Tages gefühlsmäßig von einem achtstündigen Unterbrechungstag sprechen könnte. Sicher können sie manchmal unabdingbar sein. Für den Unterbrechenden, aber auch den Unterbrochenen – doch bringen sie in der Regel erst einmal keine direkte Produktivitätssteigerung. Dadurch wird dieses „Am-Ende-des-Tages-Gefühl" ein Unbefriedigendes. Der Arbeitsalltag ist durchsetzt mit Hektik und Druck, und die Reaktionsschnelligkeit kann noch so hoch sein, sie bleibt eine reactio: Man reagiert, statt zu agieren. Man wird zum Getriebenen. Diese Fremdbestimmung hemmt und hinterlässt nicht nur ein schales Gefühl, denn die Produktivität sinkt tatsächlich bzw. erreicht nie wirklich das Maß, zu welchem man fähig wäre.

Zu dem Unterbrechenden zu werden, können übrigens gerade Vorgesetzte, die Störungen selbst nicht leiden können, ganz besonders gut. Oft steht ein Bedürfnis nach Kontrolle dahinter. Die mag manchmal vonnöten sein, doch verhindert ein Kontrollwahn effizientes Arbeiten. Ich persönlich habe es bspw. überhaupt nicht mit Kunden, die derart „drauf sind". Die Mails schreiben oder zwischendurch anrufen, nur um mal eben zu fragen, wie ich vorankomme oder ob ich noch irgendetwas von ihnen brauche … Ich merke immer ziemlich schnell, wie diese Menschen in ihrem originären Arbeitsumfeld agieren. Wie sie es gewohnt sind, Menschen zu kontrollieren. Wie schwer sie loslassen, vertrauen, abgeben können. Der ein oder andere mag nun seufzend einwenden: Das sind nun mal Erfahrungswerte. Und ja, ich weiß durchaus, in jedem Büro gibt es diverse „Pappenheimer", die den regelmäßigen Blick über die Schulter brauchen, doch lässt sich dies eben nicht generalisieren. Bester Beweis sind meine geschilderten Erfahrungen, denn wer diese Leine auch einem freien Dienstleister verpasst, der selbstverständlich um seine Holschuld weiß, um gute Arbeit abliefern zu können, hat Schwierigkeiten, die Realität zu erkennen. Mitarbeiter ständig zu fragen, was sie gerade machen und wie lange sie noch für diese oder jene Aufgabe brauchen, hält sie nur davon ab, etwas erledigt zu bekommen.

**Mal richtig Zeit. Ungestörte Zeit.**
… das wäre ein Träumchen oder? Und am Abend das Gefühl, am Tag viel bis sehr viel geschafft zu haben. Das wäre eine wunderbare Realität. Gönnen Sie sich das doch. Ist ganz einfach, Sie müssen nur den ganz normalen Wahnsinn in seine Schranken weisen. Um für den heutigen Tag gerüstet zu sein, müssen Sie allerdings gestern beginnen. Sie wissen schon: am Abend vorher. Beenden Sie von nun an jeden Arbeitstag damit, die wichtigste Aufgabe für den kommenden Tag festzulegen. Am nächsten Morgen ist ihr Handy aus, wenn Sie Ihr Büro betreten, das E-Mail-Programm bleibt geschlossen, der Webbrowser zu und Termine oder Meetings stehen um diese Zeit auch noch nicht auf der Agenda.

Dann geht's los – und ist doch im Grunde total unspektakulär: Denn was tun Sie? Sie arbeiten. Durchweg. Ohne Unterbrechung. Ohne Pause. Welches Zeitfenster Sie sich dafür definieren, ist Ihnen überlassen. Es sollten mindestens 90 min sein und nach hinten weg realistisch definiert. Denn klar wäre es schön, dies acht Stunden lang zu tun – aber das Leben ist kein Ponyhof, und Sie leben nicht auf einer einsamen Insel. Pragmatismus bleibt angebracht. Wenn Sie nun gerade denken: Pfft, eineinhalb Stunden, was soll das denn, das ist doch ein Witz. Dann möchte ich Ihnen sagen: Die können am Anfang ganz schön lang sein. Nicht nur für Ihre Mitarbeiter, die sich ihr „mal eben auf der Matte stehen" abgewöhnen müssen, sondern auch für Sie. Dem gleichen Impuls zu widerstehen und doch „mal eben, nur ganz kurz" … Außerdem ist da ja noch das kleine Teufelchen auf der Schulter, das Ihnen zuflüstert: Gedanke: Wenn nun etwas Wichtiges an mir vorbeigeht? Außerdem lässt die Konzentrationsfähigkeit bei anspruchsvollen Tätigkeiten in der Regel irgendwann zwischen ein und zwei Stunden nach (Finck 1992), und die Aufmerksamkeit lässt sich leicht ablenken. Am besten, Sie versuchen Ihren eigenen Rhythmus bei derlei zu ergründen und achten mal ein paar Tage auf Ihre rein subjektiven Anzeichen, die auf ein kleines Tief hinweisen. Das geht aber wiederum nur, wenn Sie sich auch wirklich mal abkapseln. Sobald Sie wissen, ob Sie über oder unter dem Durchschnitt liegen, können Sie sich Ihr eigenes Zeitfenster einrichten und sich und ihr Umfeld entsprechend erzieh… ähem organisieren.

Haben Sie sich mal eine Woche an diesen Ablauf gewöhnt, werden Sie es lieben lernen. Ich selbst arbeite im Homeoffice, das heißt, Störungen durch Mitarbeiter kommen nicht vor, und doch halte ich es genauso. Die ersten zwei Stunden des Arbeitstages bleibt mein E-Mail-Programm zu, werden alle Messenger dieser Welt ignoriert und nicht mal Kaffee oder eine Flasche Wasser geholt. Nicht nur, dass diese Zeit effizientes Arbeiten ermöglicht, auch der Rest des Tages geht entspannter vonstatten. Denn das gute Gefühl, bereits etwas weggearbeitet zu haben – was Sie früher vielleicht nach Feierabend hinten dran gehängt hätten, wenn es im Büro ruhiger ist –, ist entspannend und motivierend gleichermaßen. Wenn dies alle im Büro so handhaben, parallel, ist es noch wesentlich einfacher durchzuziehen und wirkt wie ein umgekehrter Dominoeffekt: unterbrechungsfreies Arbeiten reduziert Stress und erhöht gleichzeitig die Produktivität. Ein Träumchen, wie gesagt! Aber es liegt an Ihnen, es in den Wachzustand zu überführen.

## Meetings

Ich persönlich sehe sie sehr kritisch. Denn sie stehen für mich viel zu häufig unter dem Motto: „meet & greet". Natürlich weiß ich: Ein gewisser Anteil Smalltalk gehört nicht nur dazu, sondern ist wichtig. Um einen Einstieg zu finden, nicht nur thematisch, sondern auch klimatisch. Aber im Ganzen betrachtet sehe ich die wertvolle Zeit, die dabei stetig verloren geht, von Holz auf Stock zu kommen, ohne dabei wirklich etwas zu sagen. Und durch Plaudertaschen, die sich einfach nur gerne selbst reden hören. O.k., ich gebe zu: Wer die Ohren groß und spitz macht, dem können solche Plauderrunden durchaus sachdienliche Hinweise bringen. Aber das bringt mich nicht davon ab, zu fordern, nicht um den berühmten heißen Brei herumzureden. Stempel aufzudrücken ist zielführender, als sich mit Schlangenlinien abzugeben. Letzteres mag auch effektiv sein, im Sinne von irgendwann anzukommen, doch geht es uns ja um den Stressreduzierer: Effizienz! Wie schnell wäre die wohl erreicht, man richtete eine Personalkostenart „Meetings" ein. Sie wäre überall immens. Doch nun genug der Polemik. Eine Besprechung kann durchaus ein sehr wirksames Mittel sein, Informationen zu bekommen, zu kanalisieren, zu verteilen und damit zu delegieren. Doch braucht dies eine Strategie.

Die besten Meetings sind die, die gar nicht stattfinden müssen. Es ist also vorher unbedingt zu prüfen, ob die Einberufung zwingend notwendig ist. Ist dies der Fall, heißt dies immer noch nicht, dass Sie daran teilnehmen müssen. Die Teilnehmerzahl sollte sowieso grundsätzlich immer so gering wie möglich gehalten werden. Sind es keine Status-Quo-Austausch-Standardtreffen, gehört auch eine Tagesordnung mit Vorgabezeiten und Zielsetzungen dazu. Pünktlichkeit ist nicht nur eine Zier des Zeitmanagements, doch sollte nicht nur der Beginn definiert sein, man könnte fast sagen, der Endzeitpunkt ist noch wichtiger. Wofür Sie, oder jemand dafür Bestimmter, sich auf jeden Fall Zeit nehmen sollten: Wiederholen Sie Zwischenziele, Entscheidungen und Maßnahmen, um Missverständnisse auszuschließen. Am Ende ist die Zusammenfassung obligatorisch, inklusive der Auflistung, wer, wann, was zu erledigen hat. Jede Besprechung gehört – wenn auch nur stichpunktartig – protokolliert und das Ergebnis bis zum nächsten Tag verteilt. Der für die Erledigung der Maßnahmen Zuständige kontrolliert, und alles was nicht abgearbeitet wurde, kommt auf die Tagesordnung der nächsten Besprechung. Soweit die Standards. Aber vielleicht denken Sie auch mal in ganz anderen Kategorien:

Sorgen Sie durch äußere Bedingungen dafür, dass sich eine Besprechung zeitlich auf ein Minimum beschränkt, und halten Sie sie im Stehen ab. Besonders förderlich für das Engagement ist es, im Gehen zu tagen. Sicher gewöhnungsbedürftig, doch schon der absolut erforderliche und damit automatisch höhere Aufmerksamkeitslevel bringt einen Effekt.

Fragen Sie mich nicht wo, aber irgendwo hab ich sogar mal gelesen, für kurze Kick-off-Meetings die Liegestützposition einzunehmen. Dafür legen sich alle zunächst auf den Boden, und nur der jeweilige Sprecher nimmt für seine Redezeit die Liegestützposition ein. Dadurch kommen sonst ausschweifende Redner garantiert schneller auf den Punkt – darf aber natürlich nicht zur Lachnummer verkommen. Da ist Fingerspitzengefühl gefragt.

Genauso wie für die Vorschläge, vor einem Meeting vorab einen Verantwortlichen zu benennen, der auf die Relevanz der einzelnen Redebeiträge zu achten hat, und einen Entscheider, der das letzte Wort haben wird, egal wie die Besprechung verläuft. Den autokratischen Touch verliert dieses Prozedere, wenn beide Positionen rotieren. Wichtiger ist aber, dass man daran erkennt, was ein Meeting wichtig macht: das Treffen von konkreten Entscheidungen. Nur die Köpfe zusammenzustecken, um abzuchecken, was sich aktuell darin befindet, kann, wie schon gesagt, zur Beziehungschemie einen Beitrag leisten. Dann sollte man solche Runden aber klar abgrenzen und anders benennen.

## Besucher- und Telefonmanagement

Jeder will den Chef sprechen, doch kaum einer kommt an dem Security-Sekretariat vorbei. Das wäre schön – denn die Unterbrechungen durch unangemeldete Besucher oder eine schlechte Terminierung derer, die angemeldet sind, sind Zeitfresser. Ich habe da persönlich im Anwaltsbereich schon beides erlebt: von einer Abschirmung, die das Wort nicht verdiente, weil es in Wahrheit eine komplette Blockadehaltung war. Man weder durchgestellt wurde noch jemals einen Rückruf erhielt. Bis zum genauen Gegenteil, was mir dann wiederum peinlich war, weil ich den betreffenden Anwalt immer direkt selbst an der Strippe hatte. Stets freundlich bemüht, ich mir aber sehr gut vorstellen konnte, was es für ihn bedeutete, am Tag zigfach bei seiner eigentlichen Denkarbeit unterbrochen zu werden.

Fakt ist: Die Smartphonetechnologie hat einige neue Kommunikationsarten hervorgebracht, doch das Telefonieren bleibt priorisiert. Zumindest geschäftlich. Das mag man nun auf den ersten Blick gutheißen, da es als ein realerer Kontakt empfunden wird, der situativ unmittelbar effizienzsteigernd wirken kann, doch ist es für mich keineswegs das für alle Zwecke optimale Mittel. Ganz im Gegenteil – es kann auch nervtötend sein und die Effizienz des Tages extrem hemmen.

Die meisten Menschen telefonieren spontan. Sei es aktiv als Absender des Abrufs oder – und das völlig unschuldig – als dessen Adressat. Ist keine Assistenz vorgeschaltet, zwingt der gute Ton zur Entgegennahme. Ich plädiere einerseits für einen vorher schriftlich ausgemachten Termin – gibt es bei und von mir ausschließlich. Und dafür, dass sich die Anrufer immer zunächst fragen, ob es keinen geeigneteren Weg der Kontaktaufnahme gibt. Das kommt sicher auf das Thema an, wie umfangreich es ist, ob neu oder schwierig zu erklären – oder ob der angestrebte Zweck ein einfaches Verschriftlichen erlaubt, bei gleichzeitiger simpler Beantwortung. Dann bieten sich Messenger-Dienste oder eine E-Mail viel eher an, und das Risiko von zeitraubendem Small Talk und Plaudereien ist von vornherein ausgeräumt. Aber auch das Gegenteil kann mal der Fall sein und gerade die Komplexität eines Themas in die Tastatur gesprochen weitaus mehr Sinn machen: weil das Thema mit allen Facetten beleuchtet werden kann, man bei der Entwicklung eines Gedankens nicht unterbrochen wird und das Schreiben an sich schon so manchen eigenen Knoten im Hirn hat lösen helfen.

Letzteren habe ich mir nun eine ganze Weile gemacht, um einen geeigneten Übergang hinzubekommen, aber es will mir keiner einfallen. Weshalb ich einfach schonungslos mit der Tür ins Haus falle und Ihnen abschließend noch etwas darüber erzähle, wie wir uns als

Vehikel für die Selbstregulation schöpferische Energien zu eigen machen können, die aus der Selbstfürsorge heraus entstehen.

## 6.4    Das Energiemanagement

Sei du selbst die Veränderung, die du dir wünschst für diese Welt.
Mahatma Gandhi

„Atomkraft, nein danke! Bei uns kommt der Strom aus der Steckdose!" Noch so'n Spruch aus meiner Kindheit. Dieser prangte damals auf sehr vielen Autos und ist nur auf der reinen Metaebene zu verstehen – logisch. Heute ging er mir durch den Kopf, als ich mich damit beschäftigte, wie Energie entsteht und wirkt. Dabei hat mich eine Grundaussage wieder mal sehr stark beeindruckt: Energie kann weder erzeugt noch vernichtet, sondern lediglich von einer Form in eine andere umgewandelt werden. Das macht die Steckdose an sich immer noch nicht zum Energiewechsler, sondern es bedarf weiterhin als Ausgangpunkt eine komplexe Kraft kausaler physikalischer Vorgänge. Doch passt darauf ein anderer Spruch: „Das Gute liegt so nah", nämlich in der Modifikation von „nah": in uns.

Die Suche nach der Kraft im Außen beschäftigt die meisten Menschen. Haben sie sie vermeintlich gefunden, geht es darum, sich diese Kraft irgendwie zuzuführen. Seien es kluge Bücher zum Thema, Nahrungsergänzungspillen, Workshops, körperliches Training oder Meditation. Daran ist nichts Falsches. Ganz im Gegenteil. Sich dieser Hilfsmittel zu bedienen, ist richtig und wichtig. Sie allerdings in den richtigen Kontext zu stellen noch viel wichtiger. Und der sind – Sie. Weder noch so „informierte Mineralstoffmischungen" und auch keine angeblichen „Secrets": Sie sind ihr eigener Transmitter, und dem

Geheimnis Ihrer unentgeltlichen Energiequellen und wie man sie am besten anzapft und erhält können Sie selbst sehr gut auch alleine auf die Spur kommen.

**Entspannt energetisch oder angespannt ausgepowert**
Tagtäglich gehen wir mit dem Wort im übertragenen Sinne ganz selbstverständlich um: Wir sind „voller Energie", „energiegeladen" oder monieren, ganz im Gegenteil, „leere Batterien". Wenn wir uns mit schönen Dingen beschäftigen, laden wir „unsere Batterie" positiv auf. Dabei sind wir selbst keine Maschinen, sondern beschreiben damit ganz natürlich unseren körperlichen Zustand. Wenn Ihnen jemand Ihre „Energie raubt" oder Sie das Gefühl haben, Sie verschwendeten sie an eine andere Person oder Situation, dann „kostet es zu viel Energie".

Haben wir viel Energie, empfinden wir das als angenehm. Körper und Geist sind nicht auf-, sondern angeregt, unsere Stimmung ist positiv, und wir schauen dem Tag mutig und proaktiv entgegen. Nichts kann uns umhauen, unser Aktionslevel ist im Plus. Das Gegenteil davon hat auch zunächst mal mit einem hohen Aktionslevel zu tun, doch ist dieser nicht auf Basis von Energie entstanden, sondern von Anspannung. Dieser Art negativer Aktionismus äußert sich in Druck und Sorgen, vielleicht sogar Hilflosigkeit. Unsicherheit kennzeichnet diesen Zustand, in dem wir uns zwar angetrieben fühlen, doch sich unsere Muskulatur immer unruhiger und nervöser anspannt. Das kann nicht nur zu physischen Kopfschmerzen führen, sondern auch das Denken verengen. Produktives Arbeiten ist unter diesen Umständen kaum möglich.

Was sich so kurz zusammengefasst vollkommen logisch anhört, ist im direkten Empfinden nicht immer so leicht zu unterscheiden. Weil der Organismus über zahlreiche verschiedene Aktivierungssysteme verfügt, kann er gleichzeitig positiv und negativ aktiviert sein. Außerdem gibt es natürlich Überschneidungen und können wir bei hohem Energielevel auch angespannt sein. So gehen spannende und interessante, aber eben auch neue und in ihrem Fortgang unvorhersehbare Mandate auch manchmal mit einem flauen Gefühl im Magen einher und in der Ungewissheit, was unter dem Strich dabei für einen persönlich herauskommt.

Dieser kurzweilige Adrenalinkick ist die Mutter des Stresses. Das, was uns evolutionsbiologisch erhalten geblieben ist und uns so manchen Arbeitsschritt wie Mammuts „erlegen" lässt. Doch um den Verlauf des andauernden Stresspegels, der krank machen kann, zu erkennen, ist es sehr wichtig, Energie und Anspannung klar und vor allem frühzeitig zu unterscheiden. Den günstigsten „ruhigenergiegeladenen" vom ungünstigsten, dem „angespannterschöpften" Zustand (Steiner 2007).

Dies kann man anhand ganz kurzer Zeitabschnitte wie eines einzelnen Tages bis hin zu jahrelangen Perioden beschreiben und vor allem erleben:

Morgens/anfangs ist man angenehm entspannt – vielleicht noch ein wenig schlaftrunken bzw. noch nicht richtig im neuen Job oder Projekt angekommen, bei dem man es ja sowieso diesmal etwas ruhiger angehen lassen will. Natürlich durchaus ambitioniert, was sich in der darauffolgenden Tages-/Phase bemerkbar macht. Die Müdigkeit und das Phlegma sind aus Gliedern und Geist gewichen und der perfekteste aller Energiezustände, die entspannte Energie, fließt reichlich. Angefeuert von dieser physischen und psychischen Leistungsbereitschaft lässt es sich effektiv und effizient arbeiten. Bis zum späten Nachmittag, oder einige Wochen/Monate später, lässt die Erfolgsverwöhnung nach. Sei es, dass die Arbeitsabläufe Rückschläge treffen oder dass der auch erfolgsverwöhnte Vorgesetzte die Schlagzahl erhöht – was so gut geht, geht bestimmt noch besser. Müdigkeit klopft an – noch keine Schläfrigkeit, denn noch ist der Arbeits-/Lebensorganismus positiv aktiviert, doch die negativen Konnotationen nehmen zu. Proaktives Handeln wird zunehmend zu reaktivem Verhalten. Der anspannende Stress hat sich bereits durch die Hintertüre eingeschlichen, doch unter der entstandenen Anspannung ist er aufgrund seiner selbst nicht direkt wahrzunehmen. Das ist das Perfide daran, denn gleichzeitig ist dies der wichtigste Punkt, um zu einer Veränderung der Gewohnheiten oder gar Kehrtwende anzusetzen. Setzt sich dieser Zyklus fort, ist der „Abend" gekennzeichnet vom Gefühl des Ausgepowertseins. „Flasche leer", aber gleichzeitig unheimlich durstig. Der Körper hundemüde, doch der Kopf kribbelig. Schlaf oder die Ausgeglichenheit des „Anfangs" scheint in weite Ferne gerückt. Man wälzt sich hin und her und wochen-/monatelang nervöse, ängstliche oder mutlose Gedanken durch den Kopf. Von da aus das Rad rumzudrehen und wieder in die entspannte Energie zu finden, ist notwendig, denn nur dieser Zustand ist der optimale, um geistig flexibel, produktiv und lebensfroh zu bleiben.

## 6.4.1  Komm zu Dir! – Eratme die Ruhe

Die Energie folgt der Aufmerksamkeit.
Wendy Palmer

Menschen empfinden druckvolle Situationen entweder als stressig oder als berauschend. Doch selbst Menschen mit viel natürlicher Energie, die die Intensität lieben und brauchen, können in den Sog von Anspannung geraten. Um aus diesem Strudel wieder herauszufinden, muss man sich der sukzessiven Entspannung mindestens genauso intensiv hingeben können wie dem Workflow.

## Aufmerksamkeitsregulierung

Akute Stresssituationen lassen sich hervorragend mit Entspannungstechniken meistern; mittels einer etwas ruhigeren Atemtechnik oder kurzzeitigen Ablenkung. Ziehen Sie sich kurz raus – komplett. Beamen Sie sich in eine andere gedankliche Galaxie. Ihr Gehirn wird es Ihnen danken und Sie mit neuer Vitalität versorgen. Wichtig ist, den Fokus kurz anderweitig zu zentrieren. Weg vom gerade destruktiven Alltag, hin zu einer Wahrnehmungsharmonie, die Ihr System wieder ins konstruktive Gleichgewicht bringt. Dafür benötigen Sie nichts außer einen Ort der Ruhe und einen Stuhl. Hinsetzen oder sitzen bleiben, Augen schließen und – atmen. Es gibt einen engen Zusammenhang zwischen unserer Atmung und den Reaktionen unseres vegetativen Nervensystems. Ob starke Erregung oder Emotionalität, sie drückt sich über das Atmen aus. Stimmt's? Die Selbstregulation des vegetativen Nervensystems erfolgt deshalb über eine gleichmäßige, vertiefte Atmung. Dies wirkt sich direkt auf die Herztätigkeit aus. Es schlägt schneller beim Einatmen und verlangsamt sich beim Ausatmen. Dass Meditationsübungen immer an Bauchatemübungen gekoppelt sind, liegt daran, dass es zu einer Synchronisierung von Atem-, Herz-, und Blutdruckrhythmen kommt. Eine effektive Methode zu innerer Ruhe und Entspannung zu finden. Also: Ungestörtheit, Ruhe, Stuhl, tief in den Bauch ein- und ausatmen, zählen ist nicht nötig, überlassen Sie sich Ihrem ureigenen Rhythmus, er wird Sie leiten – und die Worte im Sinn: *Ich bin da.*

That's it.

Ok, vielleicht nicht ganz. Vermutlich braucht es ein wenig Übung, bevor Sie wirklich in einen Zustand der Entspannung finden. Dann bedeutet das jedoch, besser heute als morgen damit zu beginnen. Menschen, die sich bereits in Autogenem Training üben, wissen was ich meine. Was sich anfangs noch zäh und langatmig anfühlte, einen entweder noch kribbliger machte oder einschlafen ließ, entwickelt sich, zelebriert man es regelmäßig, so langsam zu einer Art Celebration. Wer die bewusste Auszeit für sich selbst als Feier betrachten kann, ist schon einen ganz gehörigen Schritt weiter. Da gibt es nichts, was man sich „stehlen" müsste oder was man irgendwo mit schlechtem Gewissen hineinzwängt, sondern es wird zu einem wohltuenden Ritual: der Stille, der Behaglichkeit, des leichter fließenden Atems. Und was anfangs nur mit CD-Anleitung und akkurater stimmlicher Führung funktionierte, geht so ins Blut über, dass man irgendwann die Rotphase der Ampel zum Autogenen Training oder kurzen meditativen Moment nutzen kann. Diese kurzen Frischekicks des Geistes bewirken wahre Wunder.

Doch möchte ich Ihnen noch weit mehr ans Herz legen, so zu verfahren, dass die „Zeit für mich" eine qualitativ hochwertige und auch längere Auszeit beinhaltet. Einen Ortswechsel, ein bewusstes Ziel, an dem man mit dem Zufallen der Tür hinter dem Rücken in eine andere Welt eintaucht. Sei es der Wald, der Sport, das Fitnesscenter, eine Wellnessoase, der Golfclub, Sauna, Massage, ein Mosaikkurs – ihrer Fantasie sollten dabei keine Grenzen gesetzt sein. Alles ist erlaubt, was sie ausfüllt, weil es SIE dorthin drängt. Also: Planen Sie sich regelmäßig Termine ein, die Sie körperlich und geistig fit halten, denn dann machen sich auch die Art von Gedanken vom Acker, die Sie ansonsten notorisch, weil immer wiederkehrend, geplagt haben. Persistierend nennt man das – und dieses Wort allein hat schon einen Klang, der etwas Krankmachendes in sich trägt.

Für konkrete Entspannungstechniken empfehle ich Dr. Google. Der hat alle Trainingseinheiten

- vom Klassiker Autogenes Training, was als Basic einfach unübertroffen ist,
- über die fabelhafte Progressive Muskelentspannung nach Jacobsen
- bis zu Mindfulness-Techniken, für die es einiges an Übung braucht

so wunderbar zusammengetragen, dass ich da nur abschreiben könnte, was unsinnig wäre und unserem Wald nicht gut täte. Stattdessen noch ein bisschen Singsang:

**„I've got rythm"**
Nutzen Sie Ihren individuellen, inneren Biorhythmus. Nehmen Sie ihn wahr und ernst! Nutzen Sie Ihr Tageshoch wann immer möglich für die schwierigste und unangenehmste Arbeit sowie die Tiefs für Routinen und Pausen. Die inneren Rhythmen mit ihren natürlichen Phasen von Anspannung und Entspannung, sprich von Arbeiten und Erholen, passen nicht immer in die Tagesabläufe. Aber wer wenigstens seine Termine entsprechend legt, verschafft sich schon einen Vorteil. Manch ein Termin, von dem Sie ganz genau wissen, dabei geht es erst mal nur ums Abtasten oder um sehr viel Smalltalk, kann so auch in eine eher tiefergelegte Phase geschoben werden – während die Hardcoretermine, die den vollen Aufmerksamkeitslevel brauchen, besser nicht mit einem Gähnen begonnen werden sollten.

**„Oh, what a night"**
Überschlafen Sie Wichtiges. Wenn Sie dies aus Prinzip tun und jede Entscheidung, jeden Plan, ja sogar die Beantwortung einer wichtigen E-Mail überschlafen, werden Sie wesentlich bessere Resultate erreichen, Fehler vermeiden und Kräfte sparen – und vor allem überrascht sein, wie anders die Formulierungen sich plötzlich anhören.

Machen Sie doch mal die Probe aufs Exempel: Beantworten Sie eine Nachricht mit der ersten Wut im Bauch, aber schicken Sie sie nicht ab! Und setzen sich dann am nächsten Morgen erneut ran. Der Vergleich dürfte verwundern.

### „What a wonderful world"

Kultivieren Sie Ihren Blick auf das Schöne. Lebensfreude ist an so vielen Stellen zu finden und Ihr Wohlbefinden hängt davon ab, wie viele kleine Freuden Sie ganz bewusst erleben. Dabei gilt es jedoch, die Wahrnehmung dafür zu schärfen und den Fokus zu verrücken. Das Erfreuliche zu fokussieren, die Liebe zu dem, was man tut oder auch zu Dingen. Nichts ist falsch daran, sich eine haptische Freude zu machen. Was wir lieben, gibt uns Energie. Gute Stimmung hebt den Energiepegel. Dabei darauf achten, wer das menschliche soziale Wesen triggert und Energie entzieht. So wie es wahre Energizer gibt, gibt es auch die des genauen Gegenteils, ich nenne sie Dementoren. Aus Gründen!

### „I'm walkin'"

Raus aus der Bequemlichkeitszone. Selbstüberwindung ist eine der ganz großen Energiequellen. Werden Sie aktiv. Ob Joggen oder Walken oder der gute alte Spaziergang – am Ende schlägt IMMER mehr Energie zu Buche als zuvor. Ja – IMMER. Aber es muss nicht immer schweißtreibend sein – oder nur im übertragenen Sinne: Auch die Aktivitäten geben Energie, die Sie sonst immer vor sich herschieben, weil Sie sich dafür erst überwinden müssen. Vielleicht unterm Strich sogar noch mehr, als wenn es Ihnen leicht fiele. Das ist aber typabhängig. Ein schönes Bild, um den inneren Antrieb zu steigern: das Schwungradprinzip. Bis sich – im übertragenen Sinne – die widerständige Masse in Bewegung setzt, braucht es Kraft. Hat sie aber einmal Fahrt aufgenommen, gewinnt sie mit jedem Anstoß an

Vitalität. Eine alte Joggingregel besagt übrigens: Stell deine Joggingschuhe vors Bett. Dann brauchst du morgens nur noch hineinzufallen – und ehe die Basalganglien oder der innere Schweinehund auch nur mit der Wimper zucken können, sind Sie schon losgerannt. Bingo!

Soviel zum Körperlichen, nun zum WESENtlichen.

## 6.4.2 Komm zu Dir! – Die Energie des Geistes

> Ich musste also das Wissen aufheben, um für den Glauben Platz zu bekommen.
> Immanuel Kant

Da Energie nicht verloren gehen kann, sondern nur umgewandelt – wo geht sie dann hin, wenn sie uns abhandenkommt? Verflüchtigt sie sich auf Nimmerwiedersehen nach Lummerland, um Kindern das Fliegen beizubringen oder können wir sie uns vielleicht zurückholen? Lässt sich die „Lebensenergie", also unsere Lebenskraft, überhaupt unter physikalische Gesetzmäßigkeiten subsumieren oder braucht es da ganz andere Herangehensweisen? Abschließende Antworten darauf kann ich nicht geben. Gedanken habe ich mir trotzdem dazu gemacht.

**Energie ist ein Stück Lebenskraft**
Alle Lebewesen brauchen Energie. Sie befähigt uns Menschen zur Ausführung bestimmter Handlungsabläufe. Sie hält uns am Leben. Wir gewinnen sie durch Nahrungs- und Flüssigkeitsaufnahme, aber auch aus der uns umgebenden Natur: Wasser, Sonne, Sauerstoff. Sie ist speicher- und abrufbar – beispielsweise, wenn der Körper in Notzeiten die Fettreserven anzapft. Fehlt uns Energie, gehen wir in die Knie: Sport zu treiben fällt schwer und das Arbeiten ebenfalls, denn ist der Körper unterversorgt, schwächelt auch der „Geist". Allerdings gilt dies auch umgekehrt.

Wer den Kontakt zu sich selbst verliert, dessen Leben wird beengt und im wahrsten Sinne des Wortes „beunruhigt". Kann der Mensch aber eine Verbindung zu seiner eigenen Lebenskraft erhalten oder wiederherstellen, so gestaltet sich sein Leben frei und offen. So die Auffassung zur Energie des Geistes, die sich in nahezu allen Kulturen finden lässt; über die Körperenergie, die den Organismus am Leben erhält, hinaus. Die Vorstellung von einer alles durchdringenden Kraft, die universell vorhanden ist und alle Lebewesen versorgt. Jede Kultur grenzt die Energiebegriffe etwas anders voneinander ab oder lässt sie ineinandergreifen. Dies ist abhängig davon, ob der Fokus auf physikalischen, biologischen, medizinischen oder eher religiös-philosophischen Erklärungsmodellen liegt.

Die Zeit der alten chinesischen Denker ist lange vorbei. Haben sie die Natur vor einigen Hundert Jahren noch als liebevolle Mutter für alle Wesen verstanden, ist dieses Bild heute durch die Naturwissenschaften bis hin zur Weltraumforschung entzaubert. Wenn beispielsweise Laotse nachts in den Sternenhimmel schaute, fühlte er sich vermutlich verbunden mit diesem großen Ganzen, wenn er es sich auch nicht erklären konnte bzw. dies gar nicht wollte. Die Sterne waren unerreichbar und doch so nah, denn Entfernung zählte nur als Konstrukt, nicht als objektive Wahrnehmung. Das schier endlose Universum existierte als lebendiger, aber unbeschreibbarer Teil seiner Existenz. Heute schauen wir vergleichsweise wissend in den identischen Nachthimmel, der sich offenbar beständig weiter ausdehnt, was das Wissen darum direkt wieder relativiert, da unser Gehirn-Geist nicht in ähnlichem Maße expandiert, um die Aussage dahinter auch nur ansatzweise erfassen zu können. Gleichwohl glaubt die heutige Wissenschaft fest daran, die Entstehung des Universums irgendwann vollständig erklären zu können. Eine Frage der Zeit und nicht eine Frage des Geistes.

Das könnte glatt der Titel eines neuen Buches werden, denn darin verstecken sich fundamentale Fragen und gleichzeitig Thesen. Während es eine Gewissheit gibt, die unsere aufgeklärte heutige Welt verbindet: dass alles im Universum physikalischen Gesetzen unterliegt. Und so ähnlich sieht es auch mit der Lebenskraft des Menschen aus. Die jeweilige Wissenschaft bezeichnet Energie einmal als Materie und Antimaterie und dann eher mit Bewusstsein, Unterbewusstsein und Überbewusstsein. Der Unterschied ist natürlich klar – also im Rahmen unserer Beschränktheit … Also der des dreidimensionalen Raumes … Warum das Universum nur drei Dimensionen gebildet hat, liegt nach der theoretischen Physik übrigens daran, dass dem Universum die „freie Energie" ausging (Gonzalez-Ayala et al. 2016). Als es sich nach dem Urknall begann abzukühlen, wurden die bis dahin zufällig ausgebildeten drei Dimensionen schlicht und einfach – eingefroren. Hört sich doch plausibel an, oder? Nicht auszudenken, wie ich nun mit Ihnen kommunizierte, wäre noch ein klein wenig mehr „freie Energie" übrig gewesen! Verstehen Sie mich bitte nicht falsch – ich finde dergleichen nicht nur hochspannend, sondern auch ungemein wichtig. Hypothese, These, Antithese – nur so kann Entwicklung ihren Lauf nehmen. Zumal sich daraus schon so manch „neue" Erkenntnis gewinnen ließ, die einer alten Erkenntnis nachträglich eine wissenschaftliche Bestätigung und gebührende Aufmerksamkeit verschaffte. Trotzdem – ließ mich der Erklärungsversuch ein klein wenig schmunzeln.

### Die Singularität bleibt rätselhaft

Die moderne Physik unterstützt kein mystisches Weltbild und kann gleichzeitig keine Einwände dagegen erheben, da ihre eigene Entwicklung verdeutlicht, dass es in naher Zukunft wohl keine Antworten auf letzte Fragen geben wird. Eine erschaffende und erhaltende Energie (Gott/ Geist/Kraft) rückt zwar mit jeder neu entdeckten, sich selbst erzeugenden und steuernden Ebene immer weiter zurück, doch bleibt sie bis heute als offene Frage irgendwo im wissenschaftlichen Raum – sei es als Anfangs- oder Endpunkt. Denn es ist eine der wesentlichsten Erkenntnisse der heutigen Naturwissenschaften, dass gerade die immer genaueren Messungen immer exakterer Geräte das Leben und seine Grundfesten, also unsere Realität, nicht bis ins Letzte fassbarer machen. So sie denn den Glauben daran nicht aufgibt, die Entstehung des Universums irgendwann vollständig erklären zu können, scheint es mehr eine Frage der Zeit denn eine Frage des Geistes zu sein. Wenn man diese Frage denn unbedingt so differenziert stellen möchte, was jedem selbst überlassen ist. Ich möchte hier vielmehr versuchen, eine Lanze für die friedliche Koexistenz zu brechen.

Bis heute ist es jedenfalls so, dass das Standardwissen der wissenschaftlichen Lehre nur wenige Prozent der energetischen Prozesse, die unser Leben ausmachen, erfassen konnte. Nun heißt das nicht, dass in dieses Vakuum unbedingt spirituelle oder rein vergeistigte Prinzipien greifen müssen. Keineswegs. Wir können auch abwarten, bis der Mensch tatsächlich alles technisch durchschaut, durchdekliniert und bewiesen hat. Oder – wir überbrücken diesen Zeitrahmen mit eigenständigem, ganzheitlichen Denken, Handeln und Fühlen. Denn das schöpft – bereits heute erwiesenermaßen und unstrittig – Lebensenergie.

Der Mensch der Moderne steht einerseits täglich im Trommelfeuer viel zu vieler Energien, und anderseits fehlt es ihm daran. Dass es da einen Zusammenhang gibt, ist selbstredend. Ein riesiger Markt an Coaches und Heilern bemüht sich darum, „blockierte Energien" wieder freizusetzen. Behandlungsmethoden, die eigene Energien (wieder) fließen lassen oder sogar übertragen, um die im

Körper des Klienten gestaute wieder ins Fließen zu bringen, sind durchaus erfolgreich. So ist menschliche Lebensenergie nicht nur ein philosophischer Begriff, sondern auch ein physikalischer Wert. Insofern hat sie einen Wirkungsgrad und ist eine Wirksamkeit. Bei „so etwas" geht es nie um die objektive Verifizierbarkeit, sondern immer nur um eine Art der „Wahrheitserfahrung", zu der ich Sie ermutigen möchte. Wenn dies dazu führt, dass Ihre Vernunft hin und wieder in dem Empfinden aufgeht, dann hätte ich schon alles erreicht.

### Klingt das spirituell? Und selbst wenn

Unter Spiritualität wird ein Zugehörigkeitsgefühl verstanden, das den Menschen einen Sinn im Leben finden lässt. Dies ist nicht an eine religiöse Konnotation gebunden. Spiritualität umfasst zuvorderst unsere Verbindung zu anderen Menschen, der Natur und – wer mag – zum Universum. Sie umschreibt einen Kreislauf. Der Körper braucht als Grundlage für seine Gesundheit: Wasser und eine gut abgestimmte Nahrungszufuhr. Der Geist wird von der Energie positiver Gedankenmuster gestärkt, die sich in Handlungen niederschlagen. Die Seele „nährt" sich an vielen verschiedenen Emotionen. Leidet sie, leidet auch das Körperliche. Noch so ein Zirkelschlag.

Selbst die standhaftesten Schulmediziner bezweifeln heute nicht mehr, dass der Gesundheitszustand eines Menschen in unmittelbarem Zusammenhang mit seiner Gemütsverfassung steht. Und doch kommt unsere westliche Humanmedizin immer wieder an eine Grenze, weil sie die Existenzebene des Bewusstseins oder des Geistes nur marginal miteinbezieht. Diese ist natürlich auch am wenigsten erforsch- und greifbar. Wobei das Bewusstsein auf relativer Ebene von der modernen Verhaltens- und Motivationspsychologie schon ziemlich genau erfasst ist. Doch will man sich seiner „absoluten" Ebene nähern, in dem Fall meine ich tatsächlich die spirituelle Basis, so greifen die Operationalisierungsmethoden der reinen empirischen Wissenschaften nicht mehr. Für ein ganzheitliches Verständnis des Lebens braucht es deshalb die Annahme weiterer Ebenen metaphysischer Art. Es bleiben die Geistes- und Religionswissenschaften und/oder z. B. das Traditionssystem der chinesischen Medizin oder die spirituelle Psychologie des tibetischen Buddhismus. Diese widersprechen vordergründig dem Fortschritt der quantifizierenden Wissenschaften und der Technologisierung als Entwicklungsziel.

Schauen wir diesbezüglich in die Gegenwart und nahe Zukunft. Auch das Zeitalter der Digitalisierung und der Künstlichen Intelligenz ist getragen von dem Teil des Geistes der Menschheit, der vom technischen Denken bestimmt wird. Damit will ich nicht sagen, dass dies schlecht ist. Sondern ganz im Gegenteil sollten wir diese Epoche unerschrocken angehen, es als Herausforderung mit exorbitanten und äußerst spannenden Chancen begreifen (Sie erinnern sich? I'm a Treckie) und nicht ihre Risiken für Arbeitsfelder oder Datenlecks durch kleingeistige Ängstlichkeit in den Vordergrund rücken. Nein, das Spannungsfeld aus Scheu und Neugierde war es immer schon, das den Menschen letzten Endes in die Weiterentwicklung führte. Dies ist die logische Konsequenz aus einer Welt, in der uns zunehmend nichts mehr verborgen bleibt. In der wir heute alle unterschiedlichen Denkweisen, Religionen, Wertvorstellungen, Lebensformen und Weltanschauungen kennenlernen können – wenn wir dies wollen. Sie annehmen, ablehnen oder uns einfach nur anpassen. Oder miteinander koordinieren. Daher passen Technologisierung, Wissenschaft, Forschung und Spiritualität meiner Meinung nach letztlich sogar ganz hervorragend zusammen – sodass sich doch wieder ein Bogen schlagen lässt. Zumal mittlerweile die grundsoliden Wissenschaftsdisziplinen der

Molekularbiologie, der Neurokardiologie und vor allem der Quantenphysik vielversprechende Belege für ein Paradigma erweiterter Dimensionen liefern (Disperza 2017).

Insgesamt kann Spiritualität dazu beitragen, dass der Mensch Erfahrungen macht, die ihm die Bedeutung für die in sich selbst gefundenen Wahrheiten eröffnen; die über das hinausgehen, was er bisher kennengelernt hat, sodass sich ihm dadurch neue Perspektiven eröffnen. Dieses Erleben kann zu Stabilität und dem Gefühl des Verwurzelt-Seins beitragen. Die dadurch möglich gewordenen „Begegnungen" und mannigfachen Verbindungen auf vielerlei Ebenen werden in Zukunft immer wichtiger. Dabei kommt es natürlich auf die Art und Weise der Begegnung an. Ist sie getragen von Diskriminierung und Missverständnis oder von Toleranz, Verständnis und Respekt? Empfindet man sie als eine Bereicherung oder eine Bedrohung, vor der man sich vielleicht sogar schützen muss? Wenn man die eigene Prägung in der Tradition seiner gebürtigen Heimat und deren Normen nicht als Maßstab für die Wahrheit nimmt, sondern nur als eine Möglichkeit von vielen des Weges dahin, dann eröffnet dies ungeahnte Freiräume.

Ich denke, durch all die technischen Veränderungen hat sich das Leben des Menschen in der Welt seit Laotse nicht wirklich geändert. Zumindest die wesentlichen Fragen des Menschen sind dieselben geblieben, gleichgültig, wie viele neue durch die Technik hinzugekommen sind. Es gibt gewisse Fragen, die in der Tiefe des menschlichen Bewusstseins immer auftauchen werden, ob man für sie ein Bewusstsein besitzt oder nicht. Man wird sich immer fragen, ob es einen Sinn für das Leben und für das Sein überhaupt gibt. Was uns Menschen im Kern ausmacht, sind nun mal: Geist, Bewusstsein, Gedanke, Gefühl und vor allem ein freier Wille. Wir sind weder Gefangene unserer Instinkte noch rein verstandgepolt. Das Geheimnis der Lebensenergie liegt irgendwo im Zusammenwirken des ewigen Kreislaufes von Körper, Geist und Seele. Nichts auf der Welt ist dauerhaft wie in Stein gemeißelt, es ist alles wandelbar geschaffen worden. Deshalb kann auch alles von jedem Einzelnen in bestimmten Grenzen verändert werden. Das hat nichts mit Esoterik oder einer dunklen oder hellen Seite der Macht zu tun, sondern damit, ob wir uns als ein handelndes Subjekt oder als das arme passive Opfer sehen. Was uns wieder zum Herzschlag des Buches führt: zum Selbst und seiner Regulationsmechanismen. Wahrhafte Selbstbestimmung beginnt mit der Freiheit der eigenen Gedanken – ohne Konditionierungen und erlernten oder übergestülpten Handlungen. Daher muss man erst ganz tief drinnen in sich selbst nach sich selbst suchen. Wenn man sich da gefunden hat, beginnt der eigentliche Weg der Bewusstseinsschärfung.

Wenn Sie sich nun fragen, wann denn endlich die Trainingsmodule kommen, hab ich alles richtig gemacht. Denn mein allgemeines Plädoyer war von der Hoffnung getragen, dass Sie Ihren Geist öffnen: für eine erweiterte Perspektive von Standpunkten zwischen Glaube, Intuition und Empirie, die dem Thema Entspannung ganz neue Dimensionen eröffnen kann. Und wenn Sie sich nicht fragen, schadet's auch nix, nun keine vertiefenden Achtsamkeits-, Meditations- oder Selbsthypnosetechniken explizit aufzuführen. Denn die gibt's im Nichtzweifel genauso im Netz in Hülle und Fülle wie Entspannungstipps. Anbei deshalb ein paar Gedanken zum Basic des Achtsamkeitstraining, dem Body-Scan. Der dem einen schon zu viel und dem anderen zu öde sein kann. Ich werde daher mal versuchen eine Brücke zu schlagen.

## 6.4.3  Komm zu Dir! – Body-Scan

Denn das ist eben die Eigenschaft der wahren Aufmerksamkeit, dass sie im Augenblick das Nichts zu allem macht.
Johann Wolfgang von Goethe

Achtsamkeit besagt im Wesentlichen, dass jeder einzelne
Moment einzigartig ist. Keiner ist besser als der andere.
Es geht um die Frage, wie wir mit den erfreulichen und
unerfreulichen Momenten umgehen. Wenn wir uns nicht
an die Vergangenheit erinnern könnten, könnten wir nicht
funktionieren. Ohne Vorstellungskraft für die Zukunft,
könnten wir nicht fokussieren. Aber wer von Vergangenheit und Zukunft komplett absorbiert ist, macht mit dem
Moment, den er live erlebt, die Gegenwart eng.

Achtsamkeit hilft dabei, das eigene Gefühlsspektrum
wahrzunehmen und zu integrieren, um sich im nächsten
Schritt auch der Gefühle anderer Menschen bewusster zu
werden und besser mit ihnen umgehen zu können.

Achtsamkeit geht nicht per Knopfdruck. Wieder etwas,
was nur die Erfahrung im Umgang damit lehrt.

Den Achtsamkeitshype der letzten Jahre hat der ame-
rikanische Molekularbiologe und Medizinprofessor Jon
Kabat-Zinn zu verantworten. Er kombinierte Ende der
Siebzigerjahre buddhistische Meditationsübungen, Yoga
und Zen zu einem Anti-Stress-Trainingsprogramm. Es
enthält eine Sitzmeditation, den Body-Scan und Yogaele-
mente. Kabat-Zinn entfernte die religiösen und ethische
Konnotationen und gab dem Ganzen einen modernen
Namen: „mindfulness-based stress reduction" – MBSR –
Stressreduktion durch Achtsamkeit.

Für Menschen, die mit dem Meditieren noch keine
Erfahrung haben, ist der Body-Scan ein wunderbarer Einstieg – wenn auch mit Tücken behaftet. Diesen möchte
ich einen Moment widmen, da es wie gesagt nicht die

geringste Mühe macht, Achtsamkeitsübungen für sich über das Internet zu finden, der Umgang damit jedoch nicht immer das hält, was man sich darunter versprochen hat. So erscheint oder wirkt der Body-Scan auf den ersten Blick vielleicht nicht als wirkliche Übung, sondern mehr als eine simple Angelegenheit oder gar triviale Einschlafhilfe. Und in der Tat: Er ist eine ziemlich trockene Angelegenheit. Spirituelle Erfahrungen sind Mangelware.

Sollte man ihn deshalb ignorieren? Ganz im Gegenteil. Der Grund dafür ist mit dem Effekt vergleichbar, der eintritt, wenn man Fragen zur Selbstreflexion nur überfliegt, statt sie wirklich überlegt zu beantworten. Er ist gleich null. Das ist genauso verlorene Zeit, wie den Body-Scan quasi als Vorübung vor den „richtigen" Meditationen anzusehen und ihn deshalb ungeduldig nicht mal halbherzig anzugehen. Deshalb braucht es für den Body-Scan die aufrichtige Bereitschaft zur Selbsterforschung. Es geht dabei denn auch um nicht weniger, als um die Aussöhnung mit allem, was Sie dabei in sich vorfinden. Das mag sich für den einen wunderbar anhören, für einen anderen schwammig oder gar wie Humbug. Wer so empfindet, braucht gar nicht mehr weiterzulesen.

Alle anderen versuche ich es etwas genauer zu erklären: Bei dem Abtasten des Körperinnern sollen Sie Unerschütterlichkeit lernen. Ein großes Wort. Zumal in Bezug auf einen selbst. Was sollte einem schon im Innern begegnen, nur beim Durchlaufen der Körperbereiche, noch ohne dem Geist die meditative Freiheit der nichtgedanklichen Reise zu gönnen? Das kann wohl nur erleben, wer sich dafür öffnet. Soviel vorab: Es kann wehtun. Es können sich unangenehme Empfindungen, Gedanken oder Emotionen bis hin zu akuten Schmerzzuständen einstellen. Etwa durch ehemalige Erkrankungen, Schmerzspitzen, Operationen, aber auch im Hinblick auf aktuelle Befindlichkeiten. Sogar in Bezug auf solche Regionen, die einem bislang körperlich vielleicht noch gar nicht bewusst sind. Dadurch wird etwas zu einer Herausforderung, was doch eigentlich mit Assoziationen von Heilung verknüpft war. Es setzt archaische Fluchtprogramme in Gang, denn unangenehme Gefühle sind eine Bedrohung. Weg damit. Abbruch des Body-Scan. Und damit eine Erfahrung als schlechte Erfahrung gespeichert – was schade wäre.

Denn dieser Vorgang zeigt gerade die Bedeutsamkeit dafür, den Körper von Anfang an in Geistesübungen einzubeziehen. Aber er setzt eben auch Reize. Manchmal sogar neue, zu denen, die man schon kennt – und das nervt. Um es auf den Punkt beim Namen zu nennen. Die Liste des zu Bearbeitenden wird scheinbar länger statt kürzer. Wer weiß, vielleicht wird sie aber auch gleichzeitig ganzheitlicher und unter dem Strich effizienter? Ein merkwürdiges Wort im Zusammenhang mit Achtsamkeit – was es nicht unzutreffend macht.

Als Praxistipp bewährt sich bei auftretendem Unwohlsein oder Spannungsgefühlen das bewusste Atmen in die Bereiche des Körpers hinein, die den „Ausschlag" gegeben haben – und wieder hinaus. Wird es dennoch so unangenehm, dass Sie abbrechen möchten, können Sie das natürlich tun – oder Sie bleiben noch eine Weile bei der Atemübung ohne Fokus – oder Sie wandern im Körper weiter und finden so einen Ort, der Sie wieder zur Ruhe kommen lässt. Wichtig war mir, es vorher anzusprechen, damit Sie dieses Gefühl nicht einfach so überrollt.

Genauso können natürlich auch wunderbare Empfindungen auftauchen. Zugehörigkeitsgefühle, Einheit, Akzeptanz oder Labsal – doch will ich das gar nicht weiter beispielhaft spezifizieren, denn es geht nun genau darum, dies nicht zu tun. Unsere Sprache hält vielerlei differenzierende Ausdrücke und Metaphern bereit, doch die sind an dem Punkt alle nicht gefragt. Die Aufgabe besteht im Gegenteil darin, alle Anzeichen nur wahrzunehmen und zwar möglichst wertfrei. Im Sinne von aufmerksam, aber gleichmütig. Konstatierend. Ja, ich möchte an diesem Punkt auf das KAW Bezug nehmen, weil es eine sehr gute generelle Anleitung für den Einstieg gibt, in diesen empfindungsneutralen Bereich zu gelangen: gleichgültig, ob wir es gewöhnt sind, das Wahrzunehmende als grandios oder furchtbar, also widerständig, zu bewerten. Nun ist es einfach. Und irgendwann machen Sie sogar Ihren Frieden damit.

Dieser Ist-Zustand ist nicht leicht herbeizuführen. Im Übrigen auch nicht für große Meister im Meditieren. Ganz im Gegenteil nimmt sich im Normalfall jeder Mensch mehr Zeit, je befähigter er wird; je tiefer er in die Materie eindringt. Deshalb empfiehlt sich für den Body-Scan, genau wie für alle anderen Übungen, ein Zeitpunkt und ein Ort, an dem Ruhe und Ungestörtheit für etwa 45 min gewährleistet sind, und ein Zustand, in dem Sie sich wach und munter fühlen. Das ist naturgemäß individuell unterschiedlich. Wer trotzdem zu schnell zu entspannt ist und einschläft, der sollte in der Praxis das Bett oder die Couch meiden und auf eine härtere Unterlage ausweichen.

Es gibt auch keinen Hebel, der sich lapidar umlegen lässt: Das MBSR-Programm von Zinn-Kobat empfiehlt, ihn zwei Wochen lang täglich zu üben. Wer zur Ungeduld neigt, auch für den habe ich eine simple Analogie: Denken Sie, Sie könnten von jetzt auf gleich 10 km am Stück joggen, ohne kurzatmig zu werden? Normalerweise funktioniert das nicht. „Übung macht den Meister" mag ein Standardspruch sein, das macht ihn aber nicht weniger wahr. Es kann Wochen dauern, bevor überhaupt nur die ganzen keimenden Gedanken des Alltags endlich auf Wolkenwanderschaft gehen und nicht mehr ihre scannenden Störfeuer absetzen – bis zu einem erspürten Nutzen wird es entsprechend länger dauern. Sich das vor Beginn klarzumachen, erleichtert den

Umgang mit der inneren Zieluhr. Aufmerksamkeitstraining ist nicht planbar. Das Drumherum lässt sich steuern, das Ergebnis oder der Erfolg nicht. Dies zu akzeptieren – wertfrei – kann ein erster wichtiger Schritt sein.

Im Übrigen kann die eigene Ungeduld auch als Teil der nicht-wertenden, beobachtenden Übung angesehen und genutzt werden: Was ist es, das so ungeduldig stimmt? Ist es eine Form der Ruhelosigkeit, die aus dem Innern kommt und auf den Body-Scan übertragen wird?

Die Erforschung des eigenen Köpers könnte man leicht als langweilig empfinden. Immerhin steckt man ja schon seit mehreren Jahrzehnten drin. Da kennt man doch eh schon jeden Winkel. O.k. – dann lenken Sie doch diese Empfindung von der Langeweile hin zu einem Nachhausekommen. Einkehren da, wo man geliebt wird. Wie wunderbar.

Auch wenn der Body-Scan keine Entspannungsübung ist, schadet es nicht, zumindest zu Beginn, angenehme Nebeneffekte auch wahrzunehmen. Der Haupteffekt soll jedoch ein anderer sein: Nicht sich das Bewusstsein abzutrainieren, sondern sensibler dafür zu werden, was im Körper geschieht und zu lernen, seine Aufmerksamkeit zu steuern und sie zu konzentrieren. Die Fähigkeit zur Fokussierung, das Verweilen und über längere Zeit aufrechterhaltene Gewahrsein bei bestimmten Objekten, ist die zentrale Fähigkeit für die Achtsamkeit.

Und warum ist das so wichtig? Weil es der Gelassenheit und damit Selbstbestimmtheit dient, die die Selbstregulation fördert. Wer nicht mehr automatisch ablaufenden Reiz-Reaktions-Mustern ausgeliefert ist, sondern solche Ketten bereits an ihrem Entstehungspunkt erkennt und sich dem Unangenehmen daran stellt, statt auszuweichen, kann ihre „Übernahmestrategie" frühzeitig stoppen. Stressprogramme werden nur noch dann mobilisiert, wenn sich eine wirkliche Bedrohung nähert, und irgendwann ist nicht mal mehr das notwendig: Wenn der Lerneffekt eingetreten ist, dass es der eigenen Entscheidung entspringt, in ein Gefühlskarussell zu steigen – egal ob es das eines anderen oder das eigene ist – oder gelassen auf vermeintlich Bedrohliches zu reagieren.

## Body-Scan

1. Legen Sie sich auf den Rücken und achten Sie darauf, während der ganzen Übung möglichst wach zu bleiben.
2. Schließen Sie die Augen, außer wenn Sie dazu neigen, einzuschlafen, dann ist es besser, wenn sie offen bleiben.
3. Während der ganzen Übung geht es nicht darum, etwas zu verändern oder zu erreichen. Es geht darum, einfach zu beobachten, was ist und es von Augenblick zu Augenblick so anzunehmen, wie es ist.
4. Beobachten Sie Ihren Atem, wie sich Ihre Bauchdecke hebt und senkt, ganz von selbst, ohne dass Sie etwas tun müssen. Einfach beobachten: ein und aus und Pause.
5. Nehmen Sie sich Zeit, den ganzen Körper wahrzunehmen als ein von Ihrer Haut umhülltes Ganzes.
6. Lenken Sie Ihre Aufmerksamkeit auf die Zehen des linken Fußes. Beobachten Sie, was Sie in den Zehen wahrnehmen können: Temperatur, Berührung (wenn sie zugedeckt sind), ein Kribbeln, die Stellung der Gelenke, etwas anderes oder vielleicht auch gar nichts. Das ist auch in Ordnung, eben ganz bewusst nichts zu spüren. Für manche Menschen ist die Vorstellung hilfreich, den Atem dorthin zu lenken, gleichsam in die Zehen zu atmen, und wieder aus ihnen heraus, die Vorstellung, wie der Atem durch die Nase einströmt, ein feiner Hauch, in die Lungen, weiter in den Bauchraum, ins linke Bein bis in die Zehen und wieder zurück.
7. Gehen Sie für kurze Zeit mit der Aufmerksamkeit wieder zu Ihrer Atmung. Dann wenden Sie sich Ihren Fußsohlen zu, der Ferse, dem Knöchel. Und während Sie auch in diese Körperteile bewusst hinein- und wieder herausatmen, nehmen Sie alle Empfindungen wahr. Registrieren Sie sie und lassen Sie sie dann sogleich wieder los. Und fahren Sie dann mit der Übung fort.

8. Sobald Sie merken, dass Gedanken auftauchen, holen Sie Ihre Aufmerksamkeit zum Atem und zur jeweiligen Körperregion zurück.

9. Tasten Sie sich innerlich auf diese Art und Weise durch das linke Bein aufwärts, dann von den Zehen des rechten Fußes über das rechte Bein, den Rumpf, von den Fingern der linken Hand zur linken Schulter, von den Fingern der rechten Hand zur rechten Schulter, vom Hals über den Kopf bis zum Scheitel.

10. Die Aufmerksamkeit bleibt währenddessen auf den Atem und die verschiedenen Empfindungen in den unterschiedlichen Körperregionen gerichtet. Atmen Sie bewusst dorthin und wieder heraus. Lassen Sie Empfindungen und Gedanken auch immer wieder bewusst los.

11. Nehmen Sie sich mindestens einmal am Tag etwa fünfundvierzig Minuten Zeit für einen solchen gründlichen Body-Scan.

12. Zum Erlernen der Übung erweist sich oft die Unterstützung durch eine CD mit den aufgesprochenen Übungen als hilfreich.

(Gruber 2001)

# Literatur

Antonovsky A (1996a) The salutogenic model as a theory to guide health promotion. Health Promot Int 11(1):11–18

Antonovsky A (1996b) The sense of coherence. An historical and future perspective. Isr J Med Sci 32:170–178

Antonovsky A (1997) Salutogenese. Zur Entmystifizierung der Gesundheit. Dt. erweiterte Herausgabe von A. Franke. dgvt, Tübingen

Asendorpf JB (2005) Persönlichkeit: Stabilität und Veränderung. In: Weber H, Rammsayer T (Hrsg) Handbuch der Persönlichkeitspsychologie und Differentiellen Psychologie. Schriftenreihe Handbuch der Psychologie, Bd 2. Hogrefe, Göttingen, S 15–26

Barker K, Santos JR (2010) A risk-based approach for identifying key economic and infrastructure systems. Risk Anal 30(6):962–974

Bengel J, Strittmatter H, Willmann H (2001) Was erhält Menschen gesund? Antonovskys Modell der Salutogenese – Diskussionsstand und Stellenwert. Eine Expertise im Auftrag der BZgA. Bundeszentrale für gesundheitliche Aufklärung, Köln

Bierhoff H-W (2005) Prosoziales Verhalten. In: Weber H, Rammsayer T (Hrsg) Handbuch der Persönlichkeitspsychologie und Differentiellen Psychologie. Schriftenreihe Handbuch der Psychologie, Bd 2. Hogrefe, Göttingen, S 457–466

Binder T (2016) Ich-Entwicklung für effektives Beraten, 1. Aufl. Vandenhoeck & Ruprecht, Göttingen

Birbaumer N, Zittlau J (2014) Dein Gehirn weiß mehr, als du denkst: Neueste Erkenntnisse aus der Hirnforschung. Ullstein, Berlin

Byron K, Mitchell S (2002) Lieben was ist. Wie vier Fragen Ihr Leben verändern können, 21. Aufl. Goldmann, München

Damasio AR (1997) Descartes' Irrtum. Fühlen, Denken und das menschliche Gehirn. List, München

Dewald J, Bowen F (2010) Storm clouds and silver clouds and silver linings. Entrepreneurship Theory and Practice 34(1):197–218

Disperza J (2017) Werde übernatürlich. KOHA, Dorfen

DocCheck (2014) Salutogenese: survival of the optimist? http://news.doccheck.com/de/46026/salutogenese-survival-of-the-optimist/?utm_source=DocCheck&utm_medium=DC%20Weiterfuehrende%20Inhalte&utm_campaign=DC%20Weiterfuehrende%20Inhalte%20flexikon.doccheck.com. Zugegriffen: 10. Apr. 2019

Empl M, Spille M, Löser S (2017) Introvision bei Kopfschmerzen und Migräne. Münchner Verlagsgruppe GmbH, München

Finck H (1992) Der Rhythmus der Aufmerksamkeit. Psychologie Heute. S. 58–63

Fleck D (2009) Unternehmerisches Innovationspotential aus kultureller Diversität. IGEL Verlag, Paderborn

Franke F, Felfe J (2011) Diagnose gesundheitsförderlicher Führung – Das Instrument „Health-oriented Leadership". In: Badura B, Ducki A, Schröder H, Klose J, Macco K, Fehlzeiten-Report (Hrsg) Fehlzeiten-Report 2011. Zahlen, Daten, Analysen aus allen Branchen der Wirtschaft. Führung und Gesundheit. Springer, Berlin

Gonzalez-Ayala J, Cordero JR, Angulo-Brown F (2016) Is the $(3+1)$-d nature of the universe a thermodynamic necessity? https://iopscience.iop.org/article/10.1209/0295-5075/113/40006. Zugegriffen: 26. Mai 2019

Gremmler-Fuhr M (2006) Transformative Lernprozesse im Erwachsenenalter: Entwicklung eines Orientierungskonzepts für die Anleitung und Unterstützung relationaler Lernprozesse. University Press, Kassel

Grawe K (2004) Neuropsychotherapie. Hogrefe, Göttingen. https://www.klaus-grawe-institut.ch/blog/die-macht-der-gewohnheit-wie-gewohnheiten-durchbrochen-werden-ko%CC%88nnen/. Zugegriffen: 30. Apr. 2019

Großes Wörterbuch Psychologie (2004) S. 308. 1. Aufl. Circon Verlag GmbH, München

Gruber H (2001) Kursbuch Vipassana. Wege und Lehren der Einsichtsmeditation, 2. Aufl. Fischer, Frankfurt

Herzberg PY (2014) Persönlichkeitspsychologie (Basiswissen Psychologie). Springer VS, Wiesbaden

Human brain project (2012) https://www.humanbrainproject.eu/en/. Zugegriffen: 6. Juni 2019

Hüther G (1997) Biologie der Angst. Wie aus Stress Gefühle werden. Vandehoeck & Ruprecht, Göttingen

Jansen B, Grün A (2017) Stark in stürmischen Zeiten: Die Kunst, sich selbst und andere zu führen. Ariston, München

Kahnemann D (2010) Das Rätsel von Erleben vs. Gedächtnis. https://www.ted.com/talks/daniel_kahneman_the_riddle_of_experience_vs_memory?language=de

Kahnemann D (2016) Schnelles Denken, langsames Denken. Penguin, München

Kapfhammer JP (2000) Lexikon der Neurowissenschaft: Plastizität im Nervensystem. https://www.spektrum.de/lexikon/neurowissenschaft/plastizitaet-im-nervensystem/9979

Kaußen S, Nürnberger C (2018) Nelson Mandela. Gabriel Verlag, Stuttgart

Keese C (2018) Disrupt Yourself: Vom Abenteuer, sich in der digitalen Welt neu erfinden zu müssen. Penguin, München

Rüegg-Stürm J (2003) Das neue St. Galler Management-Modell. Grundkategorien einer integrierten Managementlehre. Der HSG-Ansatz. Johannes Haupt Verlag, Bern

Kegan R (1994) Die Entwicklungsstufen des Selbst: Fortschritte und Krisen im menschlichen Leben, 6. Aufl. Kindt Verlag, München

Kegan R (2000) What "form" transforms? A constructive-developmental approach to transformative learning. In: Mezirow J, Associates (Hrsg) Learning as transformation. Critical perspectives on a theory in progress. Jossey-Bass, San Francisco, S 35–69

Klieme E, Hartig J (2007) Zeitschrift für Erziehungswissenschaft Sonderheft 8/2007 Kompetenzkonzepte in den Sozialwissenschaften und im erziehungswissenschaftlichen Diskurs. Springer Nature, Wiesbaden, S 11–29

Loevinger J (1976) Ego development. Conception and theories. Jossey-Bass, San Francisco

Mendius R, Hanson R (2017) Das Gehirn des Buddha, 2. Aufl. Arbor, Freiburg

Mezirow J (1981) A critical theory of adult learning and education. Adult Educ Q 32:3–24

Mezirow J (2012) Learning to think like an adult: core concepts of transformation theory. In: Taylor EW, Cranton P (Hrsg) The handbook of transformative learning. Theory, research and practice. Jossey-Bass, San Francisco, S 73–95

Mezirow J, Associates (1990) Fostering critical reflection in adulthood: a guide to transformative and emancipatory learning. Jossey-Bass, San Francisco

Pältz M (2015) Selbststeuerung von Führungskräften – Eine empirische Studie mit Implikationen für die Coachingpraxis. Dissertation, Jena

Renz-Polster H (2012) Kinder verstehen: Born to be wild: Wie die Evolution unsere Kinder prägt, 9. Aufl. Kösel-Verlag, München

Roth G, Ryba A (2016) Coaching, Beratung und Gehirn: Neurobiologische Grundlagen wirksamer Veränderungskonzepte, 3. Aufl. Klett-Cotta, Stuttgart. https://www.roth-institut.de/roth-wissens-journal/wie-das-gehirn-die-seele-formt/. Zugegriffen: 25. Mai 2019

Schäffter O (1997) Irritation als Lernanlass. Bildung zwischen Helfen, Heilen und Lehren. In: Krüger HH et al (Hrsg) Bildung zwischen Markt und Staat. Leske + Budrich, Opladen, S 691–708

Schieffer A (1998) Führungspersönlichkeit Struktur, Wirkung und Entwicklung erfolgreicher Top-Führungskräfte. Gabler, Wiesbaden

Schneewind KA (2005a) Freiheit in Grenzen. Eine interaktive CD-ROM/DVD zur Stärkung von Beziehungs- und Erziehungskompetenzen für Eltern mit Jugendlichen. Creative Communication Concepts GmbH, München

Schneewind KA (2005b) Persönlichkeitsentwicklung: Einflüsse und Umweltfaktoren. In: Weber H, Rammsayer T (Hrsg) Handbuch der Persönlichkeitspsychologie und Differentiellen Psychologie. Schriftenreihe Handbuch der Psychologie, 2. Aufl. Hogrefe, Göttingen, S 39–49

Sinek S (2018) Gute Chefs essen zuletzt, 3. Aufl. Redline Verlag, München

Specht J (2014) Die Persönlichkeit ändert sich im hohen Alter stärker als bisher angenommen. Untersuchung von Wissenschaftlern der Freien Universität Berlin, der Universität zu Köln und der Utah State University. https://www.fu-berlin.de/presse/informationen/fup/2014/fup_14_327-persoenlichkeitsentwicklung-studie-jule-specht/index.html. Zugegriffen: 18. Apr 2019

Steiner V (2007) Energiekompetenz: Produktiver denken. Wirkungsvoller arbeiten. Entspannter leben. Eine Anleitung für

Vielbeschäftigte, für Kopfarbeit und Management. Pendo Verlag, Zürich

Storch M, Krause F (2007) Selbstmanagement – ressourcenorientiert: Grundlagen und Trainingsmanual für die Arbeit mit dem Zürcher Ressourcen Modell ZRM, 4. Aufl. Huber, Bern

Storch M, Krause F (2017) Ressourcen aktivieren mit dem Unbewussten: Die ZRM-Bildkartei, DIN A6. Hogrefe, Göttingen

Vaish A, Grossmann T, Woodward A (2008) Not all emotions are created equal: the negativity bias in social-emotional development. Psychol Bull 134:383–403

Wagner A, Kosuch R, Iwers-Stelljes T (2016) Introvision: Problemen gelassen ins Auge schauen – Eine Einführung. Kohlhammer GmbH, Stuttgart

# Postskriptum

Dieses Buch ist nichts weiter als ein Samenkorn. Doch ich wünschte mir, es ginge eine Anti-Stress-Offensive von ihm aus, die durch die Kanzleien, Gerichte, Verwaltungsbehörden und alle anderen juristischen Arbeitsplätze Deutschlands wirbelt. Ich wünschte mir einen neuen Wind, der jedem einzelnen Verantwortlichen in dem Bereich so viel Lebensatem einhauchte, dass er davon mehr als genug an seine Mitarbeiter weitergeben könnte. Die positiven Auswirkungen auf die Unternehmen und Unternehmungen wären enorm, benötigen aber an ihrem Ausgangpunkt eine unbedingt positive Denkrichtung. Die habe ich versucht Ihnen zu illustrieren. Nicht weniger, aber auch nicht viel mehr, denn entschlossenes und wirksames Lernen hängt nicht von einer Quelle im Außen ab. Ich kann nur eine Fährte legen, eine Spur. Sich selbst folgen, und jedem Ihrer Tätigkeitsbereiche das notwendige Quantum an Vitalität zuweisen – können nur Sie selbst.

© Springer Fachmedien Wiesbaden GmbH, ein Teil von Springer Nature 2019
S. S. Klief, *Der Anti-Stress-Trainer für Juristen*, Anti-Stress-Trainer, https://doi.org/10.1007/978-3-658-15957-3

Ich wünsche Ihnen eine reichhaltige Ernte.

Herzlichst, Ihre

Stefanie Klief

Nümbrecht, Juni 2019

# Über den Initiator der Anti-Stress-Trainer-Reihe

Peter Buchenau gilt als der Indianer in der deutschen Redner-, Berater- und Coaching-Szene. Selbst ehemaliger Topmanager in französischen, Schweizer und US-amerikanischen Konzernen, kennt er die Erfolgsfaktoren bei Führungsthemen bestens. Er versteht es wie kaum ein anderer auf sein Gegenüber einzugehen, zu analysieren, zu verstehen und zu fühlen. Er liest Fährten, entdeckt Wege und

© Springer Fachmedien Wiesbaden GmbH, ein Teil von Springer Nature 2019
S. S. Klief, *Der Anti-Stress-Trainer für Juristen*, Anti-Stress-Trainer, https://doi.org/10.1007/978-3-658-15957-3

Zugänge und bringt Zuhörer sowie Klienten auf den richtigen Weg.

Peter Buchenau ist Ihr Gefährte, er begleitet Sie bei der Umsetzung Ihres Weges, damit Sie Spuren hinterlassen – Spuren, an die man sich noch lange erinnern wird. Der mehrfach ausgezeichnete Chefsache-Ratgeber und Geradeausdenker (denn der effizienteste Weg zwischen zwei Punkten ist immer noch eine Gerade) ist ein Mann von der Praxis für die Praxis, gibt Tipps vom Profi für Profis. Heute ist er auf der einen Seite Vollblutunternehmer und Geschäftsführer, auf der anderen Seite Sparringspartner, Mentor, Autor, Kabarettist und Dozent an Hochschulen. In seinen Büchern, Coachings und Vorträgen verblüfft er die Teilnehmer mit seinen einfachen und schnell nachvollziehbaren Praxisbeispielen. Er versteht es vorbildhaft und effizient, ernste und kritische Sachverhalte so unterhaltsam und kabarettistisch zu präsentieren, dass die emotionalen Highlights und Pointen zum Erlebnis werden.

Stress ist laut der WHO die gefährlichste Krankheit des 21. Jahrhunderts. Stress wirkt aber von Mensch zu Mensch und somit auch von Berufsgruppe zu Berufsgruppe verschieden. Die von Peter Buchenau initiierte Anti-Stress-Trainer-Reihe beschreibt wichtige berufsgruppenspezifische Stressfaktoren und mögliche Lösungsansätze. Zu der Reihe lädt er ausschließlich Experten aus der jeweiligen Berufsgruppe als Autor ein, die sich des Themas Stress angenommen haben. Als Zielgruppe sind hier Kleinunternehmer, Vorgesetzte und Inhaber in mittelständischen Unternehmungen sowie Führungskräfte in öffentlichen Verwaltungen und Konzernen angesprochen.

Mehr zu Peter Buchenau unter www.peterbuchenau.de

Printed in the United States
By Bookmasters